しょぼ婚のすすめ

恋人と結婚してはいけません！

しょぼい自己啓発シリーズ

えらいてんちょう

KKベストセラーズ

しょぼ婚のすすめ

恋人と結婚してはいけません！

えらいてんちょう

はじめに

どうも、えらいてんちょうです。

大学在学中に起業しまして、「しょぼい起業」という概念を提唱し、小さなリサイクルショップを構えたところから始め、ちょっと変わったイベントバーを作って、それが当たったので全国に拡げ、現在はグループの会長兼経営コンサルタント、その他もろもろあやしい感じの事業を展開して生計を立てております。

Twitterやブログ、YouTubeなどもやっており、ブログやYouTubeでは今までの経験を活かして、他の人が扱わないようなそこそこ危険なネタを扱い、おかげさまでたくさんの人に見ていただいています。

そんな私が、一番大事にしているものは何かと言いますと、妻と子どもです。私と妻は出会って2日で婚約し、2週間で結婚しました。そして息子、4月には娘が生まれ、健やかに育っております。

「しょぼい起業」のメソッドは拙著『しょぼい起業で生きていく』(イースト・プレス)で書かせていただきました。準備資金も何もなくても、限りなく低コストで起業し、食べていくことのハードルを思い切り下げて生きていく方法を書いています。一方この本は、「しょぼい結婚論・しょぼい子育て論」をテーマにしています。

「しょぼい起業」は「とりあえず食べていくこと」を目的としていましたが、本書で取り上げる「しょぼ婚」は、「しょぼい結婚」を略した造語で、「とりあえず婚姻を成立させ継続させること、そして社会を成立させ維持していくこと」を目的としていきます。そして、「結婚」というものが持つ意味をミニマムに切り分けた上で、皆さんが何となく感じている「結婚というもののハードルの高さ」を払拭し、結婚を、その本質を核として再構築することを目指しています。

人は衣食住が揃うと、その次には他人と社会を形成していきます。もっとも小さな社会の単位は家族です。家族を作っていきましょう。

当然、結婚をしないという選択、または結婚をしても子どもを産まないという選択をした、あるいは産みたくても様々な事情で産めないという方もいらっしゃると思います。

そういう方に無理やり結婚しろ、子どもを産めと強引に迫る本ではもちろんありません（申し訳ありませんが、今後の話の展開上、この手のおことわりは省かせていただきます。あくまで「結婚し、子どもを持つつもりがある人」向けの本だと思ってください）。

一般論として言うなら、結婚したいなら結婚したほうがいいし、子どもを産みたいなら産んだほうがいい。これは、金銭的にも税制的にも、リスク管理的にも、社会のありかたとしてもそうです。子どもを産まないという個人の希望や選択は最大限に尊重されるべきですが、だからといって誰も子どもを産まなくなってしまうと、次の世代がどんどん先細りしていくので、社会が衰退してしまいます。子どもは欲しいが何らかの事情で持てない、という場合は養子をとるという選択肢もあるのです。

私が考えるには、おそらくバブル的価値観の弊害だと思うのですが、恋愛と結婚を一直線上に置き、さらに結婚というものに値段をつけて、結婚のハードルを著しく上げてしまったのが、現在の晩婚化、少子化の原因ではないでしょうか。いい大学を出て、どこの会社に勤めていて、年収はいくらぐらいで、どこらへんまで出世しそうで……（もちろん、男女問わず同じような価値観はあります）。これ、全部無駄ですよ。

ちゃんとした職業についていないから、お金がないから、結婚にはまだ早いから、いいと思う相手に出会えないから。さて、あなたがまだ結婚をしない理由はどれでしょうか？「そんなことを考えている間にさっさと結婚したほうがいい」という話をこれからしていきます。

この本を読み終わったころには、さっき挙げた理由などどうでもよくなり、今すぐ結婚しようと考えると思いますよ。

また、現在結婚している人でも、その結婚生活で悩みがまったくないという人はあまりいないのではないでしょうか。パートナーがお金を家に入れてくれない、話を聞いてくれない、家事をしてくれない、子どもの面倒を見てくれない、などなど。結婚生活にはあらゆる種類の悩みがついて回ります。

インターネット上では、「嫁のメシがまずい」や「だんなDEATH NOTE」などといった、配偶者への不満を書き連ねるという文化も存在しています。せっかく結婚したのに悲しいことですよね。

本書ではそういった、「結婚するまで」「結婚してから」「子育て」にまつわる諸問題をゆるく解決していく方法をいろいろと記しております。

ひとつでも皆さんのご参考になれば幸いです。

第4章 結婚相手はペットだと思え

第5章 縁側でお茶を飲むのはセックスです

第6章 パパ友ママ友は友ではない

第7章 えらいてんちょう&てんつまの「しょぼ婚」Q&Aコーナー

第1章

結婚とは投資である

出会って2日で婚約、2週間で結婚

私は、2016年、当時私が経営していたバーで妻と出会いまして、その翌日に初デート、その日の夜にプロポーズをしました。

当時の私は月収15万円ぐらいの自営業者。妻は会社員をしていたのですが、持病や仕事のストレスなどで仕事を続けるのが難しい状態になっていました。そのころ妻は実家とも折り合いが悪かったため、「仕事を辞めたら路頭に迷って死ぬしかない」と言っていました。それならば私がどうにかしよう、ということで結婚することになりました。

その後、結婚生活に必要かなあと思われる諸条件（子どもはどれだけほしいとか、仕事に対する価値観とか、生育歴とか）を確認し、その他巷間《こうかん》言われるところの「結婚までにかかるあらゆる手続き」をほぼ全部すっ飛ばしまして、結納も結婚式もせず、区役所に婚姻届を出して結婚が成立しました。「ゼクシィ」は、妻が結婚するというムードを味わいたい、ということでしたので買いましたが。

最初に出会ってからおおむね2週間というところでしょうか。じつはこれでも時間がかかったほうで、妻の本籍地が遠方だったため戸籍関係の手続きにいくらか時間を費やしたのです。これがなければ数日で結婚できていたと思います。

それから2年が経ち、二人のかわいい子どもにも恵まれました。妻は私のことをとてもよく理解してくれていますし、とてもよく支えてくれています。世界で一番素敵な妻と結婚できて幸せなかぎりです。

といったところが、私の結婚に関するプロフィールです。「そんなムチャな」とか、「たまたまうまくいっているだけで」とか。そう思われる方がたくさんいるのもよくわかります。たしかに私の家庭がうまくいっていることは事実で、その理由は、私が妻を愛し、妻が私を愛してくれ、そして私と妻の共同家庭運営がうまくいっているからなのですが、「そもそも結婚って何？」という本質を考えたとき、この結婚までの過程、そしてその後の我々の夫婦の家庭運営方法は案外間違っていないのではないかと思うのですね。

というわけで、第1章は「結婚はいいぞ」という話になります。皆さんご存じのこともあるでしょうが、まあお付き合いください。

なぜ不動産屋さんは「既婚か未婚か」を聞くのか？

結婚すると何が良いのでしょうか。

まず、社会的なステータスが上がります。これは前著『しょぼい起業で生きていく』で、「実店舗を持つとステータスが上がる」と書いたのとまったく同じ意味合いで、「結婚しているということ」は、「この人は結婚し、家庭生活を営んでいける、そして子どもを育てていけるだけの社会性を持っている人である」ということを示す客観的要因となるからなんですね。

たとえば月収10万円のフリーターの男女がいたとします。それぞれは月収10万円のフリーター二人でしかないのですが、この二人が結婚することによって、実態は何も変わっていないのに、世帯月収20万円の立派な夫婦が誕生します。何なら近所のおばちゃんに「若いのにえらいわねえ」とか言われたりします。

これは、単に人からそう見えるというだけの話ではなく、実社会での扱われ方もそうです。たとえば不動産屋さんで家を借りるとき。年収や勤務先、借入金がいくらあるかなどの信用情報を事細かに聞かれますが、その中にサラッと紛れ込んでいますね、「独身・既婚」という欄が。あれは、別に不動産屋さんがあなたを口説こうとしているわけではなくて、「結婚しているとそのぶん社会性が高いとみなされ、与信になる」ということなのです。

賃貸に限らず、住宅ローン、クレジットカードの審査など、およそすべての信用情報に「既婚か未婚か」という話は関係します。

お堅い企業などでは、結婚しているかいないかは出世にも影響を与えるそうで、これも「私生活がちゃんとしているからそんなにムチャはしないだろう」ということから、そう判断されるんですね。だから、昭和の独身の若者には親戚や会社の先輩から縁談やお見合い話が持ち込まれたのです。結婚しないと損だからです。

「結婚か未婚か」を与信の材料とする価値観は古いと思いますか？　たしかに古い。ところが、この価値観が現在でも続いているのにはちゃんと理由があるんですね。なぜかは、「信用が上がる」ということの意味を考えてみればすぐにわかります。

結婚するとあなたの信用度がアップする不思議

たとえばあなたが借金でクビが回らなくなった。金融機関としては何とかあなたから借金を回収しなければならない。このとき、あなたがすべてを放り投げて夜逃げしてしまったら貸した側は困ってしまうわけで、その確率は低ければ低いほどいいでしょう。逆に言えば、その確率が低ければ低いほど高いお金を貸してくれる、イコール信用が高い、わけですね。

正社員ならば、逃げたら会社に話を持ち込むことができます。持ち家ならば、担保の家を売り払って借金の返済に充てられます。よく、卒業間近の学生に、クレジットカードは学生のうちに作っておけ、なんて言ったりしますが、これは保証人に両親を立てられる、しかも子どもを大学までやれるだけの財力がある親である、ということが信用になっているからです。

無職よりは正社員のほうが、賃貸よりは持家のほうが、そして独身よりは結婚していたほうが逃げにくい、いわゆる「飛びにくい」のです。これが「信用」ということです。

無職や契約社員の人が正社員になるのがなかなか難しい時代です。ましてや、親の遺産を引き継ぐのでもない限り、家を買えるなんてかなり限られた人でしょう。それと比較して、結婚することは、役所に行って紙を1枚書けばおしまいです。何とコストパフォーマンスの良い信用の上げ方なのでしょうか。

よく、「紙切れ1枚に縛られて」なんて言う人がいますが、その紙切れ1枚を出すと出さないとでは大違いなのです。たかが紙切れだからこそ提出しましょうよ。その紙切れ1枚によって、人は社会から夫婦として扱われるのです。この「社会から夫婦として扱われること、そして新しい世代を育てていくこと」がまさに「夫婦の本質」であると言ってもいいでしょう。

もちろん実際にお互いを助け、家の中で仲良く生活していくことも結婚生活の大事な側面です。この両輪が揃ってこそ理想の夫婦関係といえるでしょう。

ただ、最近はそちらのほうが主になりすぎている気がします。「家の中での夫婦の関係」と「社会的に夫婦として扱われ、新しい世代を育てていくこと」はまったくの等価だと思います。

というのも、人は個人では生きられず、どんなに優秀な人でも数十年後にはどうせ死ぬからです。政治、経済、学問や技術、何でもそうですが、自分たちの世代が得たノウハウを次世代に渡していくということが人類の本質のひとつであり、それを成す人が偉いのは当然です。これは人類というか生命の本質ですね。次世代が育たなかったら滅びるしかないわけですから。この話についてはのちほど補足します。

「爆笑問題」の太田夫妻に学べ

さて、結婚の良い点をもうひとつ挙げましょう。それは、「人間としての力が強化される」ということです。

たとえば、漫才コンビ「爆笑問題」のボケ、背の高いほうの太田光さんという人がいますね。爆笑問題は、多忙をきわめる現在でもなお、ネタ番組では時事問題を取り入れた新作漫才を披露しつづけるほどストイックな人たちです。ご存じの方も多いでしょうが、彼らは若いころ、方向性の違いなどもあって、所属していた大手事務所を飛び出し、その結果、数年間仕事がない、いわゆる「干された」状態になったことがあります。

太田さんはお笑いに対してはきわめてストイックながら、いわゆるバイトや交渉ごとのたぐいはたいへん苦手としていました。一方相方の田中裕二さんは、バイト先で評価され、社員にならないかと誘われたほどの人なのですが、田中さん自身が「猫がいて草野球ができる生活ならそれでいい」と言うほど欲のない人で、「干された」状況から這い上がるのはなかなか難しい状況だったようです。

このとき、窮地を救ったのが爆笑問題の同期に当たるお笑い芸人で、太田さんと結婚した太田光代さんでした。光代さんは自分のタレントとしての未来はいったん捨て、太田さんの生活費を稼ぐ一方、爆笑問題のために個人事務所「タイタン」を設立し、また不義理をしてしまった前の事務所との関係を修復し、また「なんとか爆笑問題を使ってやってくれ」とテレビ局のプロデューサーやディレクターを接待して回ったそうです。

それが功を奏して、爆笑問題は「タイタン」所属からV字回復を見せ、数年後には折しも到来した「ボキャブラ天国」ブームに乗って、一気に知名度は全国区となり、その後も皆さんご存じのとおりの活躍を続けているわけです。

太田光さん、ひいては爆笑問題に類稀なる才能があったことは間違いないのですが、そこに光代社長のマネジメント能力、プロデュース能力が加わったことで、爆笑問題は大ブレイクを果たしたわけですよね。近年では光代社長はひとりでもテレビに多数出演しています。これは、もちろん光代社長自身の愛すべきキャラクターのゆえでもあるのですが、「奇人・太田光の妻であり、本人もまた奇人」という側面や、「爆笑問題を二人三脚（三人四脚）でここまで育てた、糟糠の妻にして敏腕女社長」という側面があるからこそ、ではないかとも思います。結果として光代社長の本来のタレントとしての価値も上がり、太田光さんもまた光代社長があって現在の位置があるわけですから、夫婦がお互いの実力を引き出し合い、個々人の力もまた強化された、とても良い例だと思います。

配偶者に助けられ生活力がパワーアップする

結婚するというのは、たとえばゲームでチームのデッキを組むようなものだと思っていただくとわかりやすい。自分のスキルと相手のスキルが合わさって、高いところで低いところを、つまり弱点を補い合うことができるわけです。
たとえば我が家の例を挙げます。

私は、外でいろんな人とバンバン話し、いろんな仕事を取ってきて、スピード感を持って回していくことが比較的得意です。

しかし、私は事務作業の類がてんでダメです。独身のころは公共料金の支払いも無理でした。「引き落としにすればいいのに」とおっしゃる方、はい、口座引き落としの作業、紙を取り寄せる作業がありますね。もうその段階で無理です。紙を送ってもらう電話一本かけるのに何週間かかるかわからない。なんとか紙を取り寄せたところで、その紙は記入する前にどこかへ行ってしまいます。どうにか名前と口座番号まで書いたら、今度は銀行印がない。便利にするための口座引き落としなのに、どうしてあんなに便利でない手続きが必要なのでしょうか。

現在でもそうです。私は自営業者ですから領収書が山ほど発生しますが、その領収書を失くしますね。税理士さんにお願いするとかいうレベルではありません。税理士さんに渡すまで領収書を存在させておくということができないのです。確定申告なんかもう地獄ですね。

ところが、私の妻はその手の事務作業が得意で、領収書やら書類やら印鑑やらを全部取っておいてくれ、必要な時に出してくれます。これ、できる人にとっては何でもないことかもしれませんが、私にとっては超人的な業なのです。

私は外に出て金を稼いでくる能力が85ぐらいあるかもしれませんが、事務能力が2ぐらいなんですよね。ただ、妻の事務能力が私よりだいぶ高いため、私の著しいマイナスを補ってくれているわけです。妻さまさまです。

これが逆のパターンや、両方平均的、あるいは全然違う部分で凹凸がある、という家庭もあるでしょう。ただ、いずれにせよ夫婦が、お互いの高いところで低いところを補い合う、というのは大事な姿勢です。一方に何かを押しつけるのは負担と不満が増すだけなのでダメですね。

あとは皆さんご存じかと思いますのでサラッと行きますが、夫婦という関係に安全保障的な面は当然存在します。これを当たり前と思って結婚すると痛い目に遭うのですが、少なくともセーフティーネットとして考えることはできます。金銭的な部分と、生命的な部分ですね。病気になったときなんかはまさにそうです。二人でいれば、ひとりが苦しんでいたら少なくとも翌朝には気づいて慌てて病院に運べますが、ひとりだと誰も気づかないので、3日後に上司が訪ねてきたら息をしていなかった、みたいなことになりかねません。

配偶者こそ人生の師

さて、「人間としての力が強化される」を別の方向から見てみましょう。「あなたの常識、私の非常識」あるいは「なくて七癖、あって四十八癖」というような言葉があります。人にはいろいろな思考や行動の癖があり、それに本人が気づいていないということは多々あります。

ところが、結婚しているとあまりにも非常識なものは配偶者から指摘をもらうことができます。早い話が、どちらも大暴走をしなくなるんですね。

「その服汚れてるよ」「今の言い方ちょっと強すぎだよ」「ごはんのときにヒジつくクセあるよ」「この時間に電話するのは失礼だよ」など、何でも結構です。正当な指摘に対してちゃんと聞く耳を持っている相手かを見抜くのは大事で、怒声や手を上げるようなのは男女ともに論外ですが、指摘を真摯に受け止め合うことによって、二人が受けてきた教育が合わさり、より高い教育を受けたのと同等の能力が獲得できるわけですね。初期特殊能力「育ちが良い」でないと得られないスキルが、後天的に獲得できるわけです。

また、まったく違う境遇の人と結婚することによって、いままで持ち合わせていなかった新たな知見を得ることもできます。

これは場合によって、良い方向にも悪い方向にも働くので（あいつは結婚してビシッとするようになったなあ、という例もあれば、あの人結婚して急に付き合う人種が変わったけど大丈夫？ということもあります）、必ずしも全面的に良いこととは言いにくいのですが、少なくとも世界が広がることは間違いありません。

結婚生活のカギは〝譲り合い〟

人はみな、自分なりの生活のルールやルーティーンを持っています。それが実家で育っていたときに獲得したものか、独身生活で獲得したものかは別として、「自分は意識せずともこう動く」というパターンがあるわけですね。

結婚すると、そこには社会が成立するので、当然このパターンにはズレが生まれます。つまり、相手を無視して自分のパターンを押し通すことはできません。他人と一緒に生活するためには、他人と生活するための工夫が必要になるわけですね。価値観の多様性を受け入れる、と言ってもいい。

また我が家の例ですが、私はお風呂に入るとき、先に浴槽に入って身体を湿してから洗うタイプです。妻は逆です。先に身体を洗ってから浴槽に入ります。妻に言わせれば私は「洗ってないから汚い！」ということになりかねません。まあ実際自分でも私のほうが少数派だろうとは思っていますが、ここでお風呂の入り方についてケンカしても話は進みません。妻が先にお風呂に入り、私があとで入れば何の問題も発生しないわけです。

これは簡単な例ですが、配偶者は本来、まったく違う環境で育った赤の他人ですので、そもそも価値観が違うのは当たり前です。何もかも自分と同じ人を探したところで永遠に見つかりません。

だったら、自分にこだわりのない部分は譲ればいいし、こだわりがある部分は並べ替えたり歩み寄ったりしてどうにかやっていく、という姿勢はとても重要です。

結婚生活のカギは「いかにストレスなくお互い譲り合うか」と言ってもいいでしょう。

配偶者は「何にお金を使うか」

価値観という意味で言えば、「何にお金を使うか」ということも、人として大切な部分です。

妻は調味料をいろいろと揃えるのが好きなのですが、私は結婚当初、それをあんまり意味がないなあと思っていました。

私は基本的に衣食にあまり頓着しない、というか生活に金をかけない人間で、その妻の行動の意味がよくわかっていなかったのです。

しかし、調味料が増えるということは当然、料理の味にいろんなバリエーションができるということで、おかげでご飯をとてもおいしく食べられるようになりました。そんなもの当たり前じゃないかと言う人もいるかもしれませんが、私にとって、それはちっとも当たり前のことではなかったのです。毎日の食卓を楽しくしてくれた妻に感謝しています。

趣味が違う夫婦が、結婚してから相手の趣味に付き合っているうちに何となく自分も好きになる、というのはよくあることです。

旦那さんが好きな相撲の力士をだんだん奥さんが覚えてきたり、奥さんが好きな歌手の曲を旦那さんが歌えるようになったり。そのうちに「じゃあ、二人で国技館に行ってみよう」とか、「ライブに行ってみよう」となるかもしれません。配偶者のおかげで趣味が広がる。そんな人生は素晴らしいですね。

あなたにふさわしい結婚相手とは

さて、皆さんもご存じであろう点も含めて、結婚の良い点をつらつらと挙げてきました。「結婚とは信用である」ということについてはわかっていただけたかと思います。では、どんな相手と結婚するか。

これは、「結婚とは投資である」という話になります。

結論から言うと、「あなたはあなたとだいたい同じぐらいの人としか結婚しない（できない）」ということです。いわゆる玉の輿《こし》もなければ、「なんであの人があんな人と」というのも基本的にはありません。「人間としての総合力」の釣り合いです。

「人間としての総合力」とは、要するに周りから紹介されるレベル、ということです。これは私が敬愛する思想家の内田樹先生も「『え、こんなのやだ』とか言っている人は、『こんなの』と釣り合う配偶者だとあなたは外部からは評価されているという事実を嚙《か》みしめた方がよろしい」（内田樹『困難な結婚』）とおっしゃっています。

つまり、あなたが気に入ろうが気に入るまいが、あなたが紹介される人のレベルが客観的に見たあなたのレベルです。

紹介者にも信用がありますから、まったく釣り合わない人を紹介するとメンツがつぶれます。「ちょうど合うな」と思って紹介した相手に対して、あなたがプンプン怒っていたら、紹介者は「これ以上のレベルの人を紹介するわけにはいかないし、これ以下の人を紹介すると怒るし……」と思いますので、あなたに相手を紹介してくれる人はいなくなります。

この「レベル」つまり「人間としての総合力」とは、すなわちあなたのスペックのことで、それは顔面や見た目の造作であったり、教育レベルであったり、年齢、収入、地位、実家の稼業、気質、性格など「あなたが周りの人に見せている側面そのもの」ということになります。

まあ皆さんそこはおわかりだと思うのですが、割とこの総合力で重視されるものの、これらの要素の順位付けがあいまいな人もいまして、「婚活」をしているにもかかわらず、短期間で直せる部分を放置して長期戦になる部分に取り組んでいたり、ほとんど改善が見込めない部分をいじっているうちに他の部分が急激に落下していったり、となかなか苦労している人が多いようです。

中でも多い誤解が「もうちょっと仕事がちゃんとしてから結婚する」「お金が貯まったら結婚する」あたりでしょうか。これ、よくありがちな間違いです。

次の章で詳しく解説します。

第 2 章

結婚すれば、ちゃんとなる

「悪妻かどうかは俺が決める」

前章では「結婚することはトクだし信用を上げる、そしてあなたにふさわしい結婚相手はあなたが紹介されるレベルの人である」という話をしました。

玉の輿やその逆は、まあまったくないとは言えませんが、そもそもの交友関係や、自分にどれだけ投資をしてきたか、あとは相手の人物や将来性を見抜く目、狙った相手にどれだけ上手くハマれるかの技術など、すべてもろもろひっくるめて「現在のあなたの人間としての総合力」ですので、あなたがどう見ても差があるように見える夫婦は、あなたが見えていないところでバランスが取れているのです。

2017年、野球の野村克也元監督のご夫人、野村沙知代さんが亡くなられました。野村元監督は沙知代さんに関係することで少なくとも2度プロ野球の監督の座を失っており、沙知代さんは悪妻の代表のように世間では言われました。

しかし、沙知代さんの死去後、野村元監督は深く悲しみ、「俺に言ってた経歴も全部ウソだったよ。でも、野村克也引く沙知代はゼロ。悪妻かどうかは夫である俺が決める。サッチーはこれ以上ない最高の妻であり、私にとって最高のラッキーガールだった」（週刊現代「ノムさんの告白『沙知代よ、君がいない毎日は本当につまらなくて』」／TBS「爆報！THEフライデー」）と述べています。

なんと深い愛なのでしょうか。「悪妻であるかはどうかは俺が決める。最高の妻であり、最高のラッキーガールである」とまで言わしめる奥さんが、（たとえ世間にどう思われていたとしても）野村元監督にとってバランスが取れていなかったとはとてもいえないと思います。

配偶者がいるから「ちゃんとなる」

さて、配偶者とバランスが取れているのは、そもそもそういう人としか結婚しないからであると言いましたが、もうひとつ、「一緒に生活しているうちにだんだん釣り合いが取れてくる」ということもあります。生活していくうちに互いの違いに慣れ、また足らないところは補い合うからです。

そして、さらに大事なことですが、「お互いがそれぞれにとって、より居心地の良い関係であろうとし続ける」ことによって、夫婦それぞれも成長していくんですよね。ひとりでいるとなかなか自己変革のキッカケというのは訪れづらいものですが、二人でいることによって「この人のために」といった意識が強くなり、仕事や家事やその他もろもろのことも、より頑張れるのです。子どもができればさらにそうですよね。「あいつも人の親になって成長したなあ」なんて会社で言われたりするわけです。

独身のときは、時間もお金も部屋も、自分でどう使おうが自由ですね。「可処分所得」とか「可処分時間」といわれるものですが、夜中に突然飲みに出かけても構わないし、仕事がなければ夕方まで寝ていても構いません。部屋だって別に自分が困らなければ散らかっていてもいいのです。それは、所得や時間の使い方の裁量が100％自分に属するからです。

でも、誰かと共同生活をするとなれば話は別ですよね。配偶者と一緒に過ごす時間やそのためのお金、そしてそのための環境というものを考慮して、無茶苦茶な行動は慎んでいくことになります。子どもができればなおさらそうですね。夫婦で協力して、最初は寝たり泣いたりしているだけの赤ん坊の世話をしていかなければならないわけですから、好き勝手な行動はできなくなります。世間的に言う、いわゆる「ちゃんとした人」になっていくわけですね。

つまりこういうことです。

「人はちゃんとするようになってから結婚し子育てをするのではなく、結婚し子育てをしていけば自然とちゃんとなる」のです。「あの人はちゃんとしてないから結婚できない」のではなく、「結婚すれば、ちゃんとなる」という順番です（結婚したら本当にちゃんとなる人なのかどうかは見抜かなければなりませんが）。独身の人、胸に手を当ててください。あなたはいま毎日ちゃんとしていますか？　いいんです、いまはちゃんとしていなくても。ただ、結婚したら相手と一緒に生活をやっていくんだ、という意識さえしっかり持っていれば、ちゃんとなります。心配はいりません。

結婚を先延ばししてはいけない理由

この「自分がいまちゃんとしていないこと」を理由に結婚を先延ばしにしたり、せっかくいい人がいるのに結婚を見送ったりすると、あまりいいことはありません。

よくいいますね、仕事がもう少しちゃんとしてから結婚したい、あるいはお金をもう少し貯めてから結婚したい、と言う人。「もう少し良いタイミングがあるはず」みたいな考えです。それ、全然意味ないですよ。「結婚したこと」は会社内においてはひとつ大きな仕事を決めてきたぐらいの影響力は持つので、結婚すると仕事の面でもうまく回っていく方向に自然となります。

その理由としては、前の章でも述べた、「結婚すると信用が高くなるから」というのがひとつ。そして、人から見てマイナスになる部分を配偶者が指摘してくれるなど、いわゆる「ちゃんとするから」というのがひとつです。さらに、私のような経営者の立場から言うともうひとつありまして、「あいつは結婚もしたし給料を上げてやりたい、だから手柄を立てさせてやろう」、あるいは「家に帰れば新婚の奥さんが待ってるだろう、早く帰してやるか」と考えるんですね。これはもう、上司だって人の情がありますから、普通はそうなります。上司がまったくそう考えないとすれば、それこそ環境としてブラックです。

あるいは、現状まだ仕事が決まってないという人の場合。たとえば、25歳男性、職歴はアルバイトのみ、能力は同じぐらい、という人が二人採用面接に来たとしましょう。このとき、「ただブラブラしてたんだけど、ちゃんと働きたいと思って来ました」という人と、「ただブラブラしてたんだけど、妻と出会って結婚して、ちゃんと家庭をやっていかなきゃと思って来ました」という人、どちらの話に説得力があり、どちらを雇うでしょうか。「家庭をちゃんとやっていこうと思って」は立派な動機になり得ますし、なんなら「殊勝な人だ」と思われます。それぐらい配偶者が存在するということは強いんですね。

「ひとり口は食えぬが二人口は食える」

「お金がまだ貯まってないからもう少し貯めてから結婚したい」という人もよくいます。これは感情の問題ではなく、経済的に間違っています。

たとえば、あなたはひとりで生きている、相手もひとりで生きている。もし両方実家暮らしならば話は別ですが、そうでないとすると、ひとりで生活するよりも二人で生活するほうが、生活コストの合計は圧倒的に下がるのです。

昔から言われている言葉で「ひとり口は食えぬが二人口は食える」というのがあります。これは当たり前のことで、ひとり暮らし同士が一緒に住んだところで、家賃は倍もかからない、食費も光熱費も倍はかからない、生活の無駄は削減できる。生活できないわけがないのです。

これはつまり前著『しょぼい起業で生きていく』でいうところの「生活の資本化」でして、「料理はたくさん作って余ったら人に売ろう」とか、「店に住んだら家賃を二重に払わなくて済む」というのと同じ理屈です。

ちなみに「生活コスト」というのは別に現金の収支に限ったことではありません（これも前著をお読みいただいた方には納得していただけるでしょう）。

ひとり暮らしの人同士が別の部屋に住んでいると、トイレが2つあり、風呂も2つあり、台所も2つあります。もちろん先述のように、結婚すればそのぶん居住スペースに金をかけることができる、という面もあるのですが、生活していく上ではこれらをメンテナンスしていく必要があります。

お風呂やキッチン周りの掃除。めんどくさいですよね。排水溝に詰まった髪の毛を取り除いたり、ガス台の油汚れを落としたり、茶色くなった換気扇を磨いたり。エアコンのフィルター交換なんてのもあります。これらに費やす労力が半分になるわけで、そのコストを日本円に換算すると結構な額になりますよね。

お金がないなら結婚しなさい

それから、これは比較的多くの人がご存じかと思いますが、結婚して、片方の収入が少ない場合、税制的に優遇されるケースもあります。もちろん結婚しても共働きでバリバリやっていく、というならそれで構わないのですが、「お金がないから結婚しない」という理屈で結婚しないのであれば「お金がないなら、なおのこと結婚したほうがいいですよ」という答えを返さざるを得ません。

なに、結婚式がしたい？　一生に一度の晴れ姿。よろしい。私たちはやりませんでしたし、世の中にはもう結婚式を挙げないカップルも多いと聞きますが、結婚式はいまや格安で挙げることができます。そりゃ、五つ星ホテルで大広間を借り切って、結婚式から披露宴までやれば何百万円と飛んでいくでしょうが、「式だけ」ならいくらでも安く挙げられますよ。

私と古い付き合いの本物の牧師さんは無料で結婚式をやってくれます。ホテルで結婚式を挙げて、外国人留学生のアルバイト牧師に、覚えてもいない聖書を棒読みしてお説教をされるよりはだいぶありがたいのではないでしょうか。じつはこの牧師さんは私の経営しているバーで結婚式をやったこともあり、場所代は無料、牧師さんも無料、来たお客さんからたくさんのご祝儀をもらい、新婚夫婦はお金をだいぶ儲《もう》けて帰っていった、なんてこともありました。

晴れ姿は写真館で撮ればいいと思います。友達に祝ってほしいならお店で会費制にして赤字が出ないようにすればいい。

本当に大切なことは「結婚すると心に誓い、婚姻届を提出する」という事実ではないでしょうか。見栄が、とか世間体が、とかを気にする人もいると思いますが、自分たちの収入や貯金の範囲でやるぶんにはもちろん自由でしょう。

ただ「結婚式を挙げるお金がないから結婚できない」と言い出してしまうと、「お金なら先に結婚してあとから貯めたほうが貯まりますよ」ということになり、「そもそも式を挙げないと結婚できないって本当に結婚する気があるんですか」という話になり、さらに身も蓋もない話をすると「身の丈に合わない結婚式をどうしても挙げたいと言っているような二人で今後大丈夫ですか」ということになります。

親に反対されても結婚すべきです

突然ですが、ここで法律の話です。憲法では、結婚（法律用語では基本的に「婚姻」）について、「婚姻は、両性の合意のみに基いて成立し、夫婦が同等の権利を有することを基本として、相互の協力により、維持されなければならない」と書かれています（日本国憲法第24条1項）。私も親に、結婚したいと思っている、という話を持っていったのですが、あまりに出会いからの期間が短かったので「もう少し待ったほうが……」と言われました。親の意見、アドバイスとしてはもっともです。また、妻の家族からは不同意である、というような話もされました。私たちは「両性の合意のみに基いて成立するのにねーハハハ」と笑っていました（ちなみに現在は両方の家族にも認めてもらって、子どももかわいがってもらっています）。

法律上婚姻が無効になるのは、「当事者間に婚姻意思がないとき」「当事者が婚姻の届け出をしないとき」（民法742条）、婚姻が取り消しになるのは、「当事者が婚姻適齢に満たないとき」「当事者がすでに婚姻しているとき」（民法731条から736条）に限られており、それ以外は「両性の合意のみ」で婚姻は成立します（どちらかが未成年の場合は父母の同意を必要としますが）。親の意見というのはひとつのアドバイスや有形無形の圧力にはなり得ますが、結婚を止めることはできないのです。

そもそもこの憲法の規定自体が、戦前の「家制度」を否定し、家族関係形成の自由を認めた趣旨であるので当然です。祝ってもらえるならそれにこしたことはありませんが、反対されたからといって結婚できない理由にはなりません。どんどん結婚しましょう。

しかし、この憲法の規定というのはとてもよくできています。婚姻（＝結婚）は「両性の合意のみに基いて成立」し、「夫婦が同等の権利を有」し、「相互の協力により、維持され」る。これ、すでに結婚している人も100回音読したほうがいいですね。この条件が完璧に満たされていれば結婚生活はうまくいく、ということになります。反対に、夫婦が同等の権利を有していない、あるいは相互の協力により維持されていない（または、夫婦のどちらかがそう感じている）ことによって、「両性の合意」が保てなくなると、結婚生活というのは成立しない、ということになりますね。同等の権利を有しているか、相互の協力ができているか、そしてお互いのそれらに対する認識が合っているかどうかは、コミュニケーションをとっていなければわからないものです。この話もあとでしましょう。

さて、「仕事がちゃんとしてから結婚したい」、「お金を貯めてから結婚したい」というのは順番が間違っている、という話をしました。先に結婚したほうが仕事はちゃんとできるし、お金も貯まるからです。それでもまだ結婚に踏み切れないあなたが次に言うことを当てましょうか。せーの、「えー、でも相手が」。はい、そんなことを言っている場合ではないというのが次のお話です。

第3章

今日がいちばん結婚しやすい日だ

恋人でない人と結婚しよう

結婚はするだけで社会的信用も上がるし、ちゃんとした人になっていくし、仕事もうまくいくようになるし、お金にも余裕が出てくる。と、いいことづくめの話をしてきています。ただ、結婚に一番必要な要素、それは相手です。相手がいないと結婚できません。

結婚したほうがいいよ、と言うと、よく「じゃあ恋人探さなきゃ」という答えが返ってきます。これはちょっと視野が狭いのではないでしょうか。たしかに恋愛から婚姻関係に進む夫婦は多いのですが、誰もがそのルートで結婚しなければならないわけではありません。

結婚情報誌をいくつかめくってみますと、大恋愛の末のロマンチックな結婚推奨みたいな雰囲気のものもありますが、あれはそういう記事ですからね。恋というのはそもそも衝動で、結婚生活というのは現実の積み重ねですので、「恋人としてはいいけど結婚するにはちょっと」という人がいるように、「恋人という感じではないけれど結婚相手としては適している」という人も存在し得ます。

つまり、結婚する相手として適していれば、相手は必ずしも恋人に限らないのです。最初に書いたように、私と妻もそうでした。バーの店長をやっていたとき、「結婚したい人みんな集まれ」的なイベントを開いて、そこで出会ったのが妻でした。その日の時点でお互いの好意は確認しましたが、翌日にはプロポーズして即「婚約者」としてのフェーズに移行したので、「恋人」であった期間はとても狭義では1日、実質はゼロでした。

好きでもない、年収800万円の相手

結婚相手を探すというと、すぐ年収がどうとか、学歴がどうとかいう話になりますが、そんなものは数ある条件のうちのひとつにすぎません。たとえば、一流企業に勤

めていて年収800万円だから！という理由一点張りで、他に全然好きなところはないけど我慢して結婚したところ、配偶者が身体を壊して会社を辞めなければいけなくなった。他につぶしの利く技能はこれといってないし、配偶者のことは別に好きでも何でもない、なぜなら一流企業勤務で年収800万円の相手が好きだったから。これは困りますよね。

学歴もそうです。学歴は「ある程度勉学という努力を継続した人である」という事実の証明以外の意味を持ちません。たとえば、偏差値70の大学出身の人と偏差値50の大学出身の人を比較して言えるのは「大学入試の年齢のときに獲得したスコアが高いこと」だけであり、学歴はその人が大学入学後にどれだけの知識や教養を得て、経験を重ねたか、どれぐらい仕事ができるか、もっと言えば家庭人としてどれぐらい好ましい人かをまったく担保しません。

大学に入らなかったけど、べらぼうに頭がキレて仕事ができて、良い家庭人でもある、という人が私の周りには何人もいます。これには逆も成立しまして、この人は残念ながら受験がピークだったんだな、という人もたくさん見てきました。

年収や学歴より大切な結婚の条件とは

これらの結婚相談所で得られるような情報よりもはるかに大事なことがたくさんあります。たとえば転勤はあるのか、ないのか。信仰している宗教があるのか、それがどれぐらい自分に影響を及ぼしそうか。実家との物理的な距離や関係、家族構成なども関わってきます。子どもがほしいかどうかは夫婦としての価値観の根本です。

そして、もっとも大事なことは「一緒にいて不快ではないこと」です。顔、声、話し方、雰囲気、匂い、そういったあらゆることを好ましいと思えるか。夫婦というのは朝から晩まで長い時間を共に過ごし、楽しいことも辛いことも一緒に経験を重ねていくのですから、「この人と一緒にいるのは心地良い」という感覚は絶対に必要です。先ほど言ったように恋愛感情的なドキドキ感は必須ではありませんが、「この人は落ち着く、安心できる」という「人間として好き」な直感が、むしろそれこそが大事なのです。

あなたの生理的嗜好と直感を信じなさい

これを読んでいる人の中には「いままで恋愛の経験がなくて……」とか、「男運／女運がなくて、これまで選んできたのはロクでもない相手ばっかり」という人もいるかもしれません。それは、あなたが今まで恋愛下手だっただけで、人を見る目までないとは限りません。

ヘンな人にしかドキドキしない人というのはいます。そんな人は、恋愛感情と結婚する相手を選ぶ視点を切り離せばよいのです。それで解決します。

あなたはいままでの人生で無数の人と出会ってきているはずです。その中には、家族とか、友達とか、先生とか、先輩や後輩とか、「恋愛感情はないけれど、一緒にいて心地の良い、人間として好きな人」がいたのではないでしょうか。恋愛感情というフィルターを通したら見誤ってしまうものが、逆にそのフィルターを通さないことで正確に評価できるのです。

あなたの経験とＤＮＡから導き出される生理的な嗜好、直感を信じましょう。

付き合った年数なんて重要じゃない

ここまでに挙げてきた結婚の条件を満たす、とくに「人間として好きで、一緒にいて心地良い」相手だということがわかったら、さっそく結婚を前提として動き始めましょう。「恋人として付き合ってみないと何もわからない……」。果たしてそうでしょうか。そもそも、結婚しようと決めて翌日に役所に行ける人はまれなはずで、実際に届を提出するまでにはたくさんコミュニケーションをとる機会があるはずです。

一般的な例として、たとえば相手と別々に住んでいて、月2回お泊まりデートをするとしましょうか。1回あたり15時間ぐらいとしましょうか。これを1年続けた場合、一緒に過ごした時間は360時間になりますね。

私の場合、妻と出会ってから婚姻届を出すまで半月、ずっと一緒に結婚の準備をしたり、電話やメールで連絡をとり続けたりしていましたので、15日×24時間で一緒に過ごした時間は360時間です。密度が濃ければ2週間ほどでも1年付き合ったのと同じぐらいの時間を過ごせるわけです。

出会ってから何ヶ月、何年付き合ったとかはまったく重要なことではないと私は思います。

むしろ、さあ結婚しましょう、という話になったときに、「どれだけハラを決めてテキパキ動けるか」のほうが、よほど「相手と将来にわたってうまくやっていけそうか」を測る指針になると思います。グズグズやっていても何もいいことはありません。

同棲は結婚前の予行演習にはならない

「結婚前に同棲して予行演習をしたほうがいい」。一見もっともらしく聞こえますが、私はこれには大反対ですね。

予行演習とはいったい何を目的としたものなのでしょうか。予行演習ということは、その結果うまくいかなかったら別れるということですよね。結婚生活とは「うまくいかない部分について意見を擦り合わせながらうまくやっていく」ものですので、そんな「別れるための言い訳作り」のような時間には何の意味もないと思います。

ちょっとうまくいかないからもうダメ、別れる、という選択をするのではなく、「なぜうまくいかないのか」「どうやったらうまくいくのか」を考え、実践する必要があります。正式な結婚関係にあるぐらいがちょうどいい縛りだと思いますよ。それでもどう頑張ってもうまくいかなかったら、そのとき別れればいいんじゃないでしょうか。イヤなものを無理に我慢する必要はありませんが、ノーリスクなどというものはこの世にありません。

そもそも、「予行演習」によって、この人と夫婦になることでどれだけ自分にリターンがあるのか、と計るような考え方はやめたほうがいいと思いますね（結婚自体に十分なリターンがあるのは先述のとおりです。相手選びの話です）。

人は思いもよらない事情で、大きく環境や考え方が変化することがあります。いまあなたの前にいる相手が一生そのままでいるということは、良い面でも悪い面でもまったく保証されていません。

相手が病気やケガをすることがあるかもしれませんし、あなたと出会って共に関係を築いていくことで、いい方向に考え方が変わっていくこともあるでしょう（忠告にしたがって考えを変えられる、人格や思考の柔軟さがあるかどうかは大事なポイントですが）。

だからこそ、その最初の段階の必要十分条件はファーストインプレッション、直感なのです。一緒にいて不快でなく、基本的な価値観や相性に問題がないなら、あとはもう二人でどうとでも乗り越えていこう、という気概が大事です。

一見精神論のように感じるかもしれませんが、この気概とは「お互いが夫婦としてベストを尽くす」ということです。

〝金銭感覚〟と〝モノの価値観〟

「ヤバイTシャツ屋さん」というアーティストの「ハッピーウェディング前ソング」という曲は、出会って相性合っちゃう感じならノリで入籍してみたらええやん、という曲ですが、曲中で「ノリで入籍してみる」ことへの不安要素として「金銭感覚 もの の価値観 からだの相性 言えない過去や消したい過去は お互いに沢山あるけれどモラルハラスメント 姑問題 どうしようもない浮気ぐせとか」が挙げられています(曲は、それでも「ノリで入籍してみたらええやん」と続きますが)。

このうち、金銭感覚とモノの価値観は事前に確認しておくべき点です。

毎食、専属の料理人が作ってくれたものしか食べられない人は、それだけ稼いでいる人としか結婚できません。洋服を一度しか着ないで捨てるのがやめられない人も同様です。「からだの相性」とはセックスのことを指すのでしょうが、これはあとで詳しく述べます。

言えない過去や消したい過去がある人もいるでしょう。これについて言いますと、ウソをついてはいけませんが、必要以上に詮索しないことも大事です。

とくに、過去の恋人関係の話はそうです。聞きたがる人もいるようですが、そこは詮索しないようにしましょう。聞かれたくない人に聞くのはもちろんダメですし、話したい人が話すこともオススメしません。

姑問題は夫婦二人で実家との距離の取り方を考えて解決すべき話ですが、これも事前の話し合いの段階である程度推測はできます。あるいは、親に必要以上のところにまで口を出されたときにどういう対応をするか、ということを事前に話し合っておくのもいいでしょう。

〝モラルハラスメント〟と〝浮気ぐせ〟

先ほどの歌詞中の、モラルハラスメントと浮気ぐせについては、そもそも同棲していた期間にはしなかったとして、結婚してからもしないとはまったく言い切れないいんですよね。何がキッカケになるかは結婚してみないとわからないわけですから。

妻が妊娠している間に浮気しまくる夫もいれば、妊娠した瞬間浮気する妻もいるそうですし、ある日突然、人が変わったようにモラハラが始まった、というのもよく聞く話です。

だとすれば、何年同棲していたら結婚に踏み出せるほど安心できるのか考えても、仮に石橋を叩き壊すまで考えたところで、もうこれで大丈夫と言い切れるラインはないんですよね。明日浮気するんじゃないか、明後日モラハラが始まるんじゃないかと心配すればいくらでも不安になりますから。

結局はどこかで見切り発車するしかない、ということです。だったらそもそも最初から心配すること自体が無駄ですよね。

結婚生活の予行演習は、実際の結婚生活の中でしかできないのです。そして、いざ結婚してから、それぞれの得意不得意、性格など、実態に合わせてやっていく以外にはありません。

恋愛感情などという、時間の流れとともに変動するものを結婚する際の基準にするから「途中で愛がなくなった」となどということが起こり得るのですが、価値観やモノに対する考え方を基準において、「いかにうまくやっていくか」ということを念頭に加点方式で計算していけば、そうそうダメになることはありません。

「結婚適齢期」の考え方

「なぜそんなに結婚を急がせるのか」と不思議にお思いの方もいるかもしれません。お前は少子化担当大臣か、と。じつは、ここがきわめて重要なポイントです。

この本の第1章で、「人は人間としての総合力において、自分と同じくらいの相手としか結婚できない」という話をしました。ここがキモです。人間としての総合力には、見た目の造作や収入、性格、育ち、宗教、転勤があるかないかなどのほかに、「年齢」というとても大事な要素があります。

「結婚適齢期」とはいつか、と聞かれれば、私は「早ければ早いほどいい」と答えます。18歳でも20歳でも結構です。とにかく早ければ早いほどいいのです。昔からある言葉に「鬼も十八、番茶も出花」というのがあります。18歳ごろはどんなに元の造作が悪くても、ちゃんと身づくろいをすればそれなりに見栄えがする、という言葉です。

そして、ハッキリ言ってしまえば、男女を問わず、年をとればとるほど相手は見つけにくくなります。これは「条件のいい人同士は先に付き合ってしまう」と考えればたやすく理解できるのではないでしょうか。先述のとおり、条件のいい人は条件のいい相手が見つかりやすい。その中からいくばくかの割合が結婚していくとすれば、条件のいい相手はどんどん市場に出回らなくなってくる、というのは理解していただけると思います。

「女性は○○歳までに結婚したほうがいい」、「男性は○○歳でも大丈夫」なんてことを言う人もいますが、私はあんまり関係ないと思います。とにかく、早ければ早いほどいい。来年まで引き延ばせば、その1年分市場における価値が落ちるだけです。

もちろん、前の章で挙げたように、年齢以外にも結婚相手として評価される要素はあります。ただ、実家の稼業や育ちなどはそうそう変わるものではありませんし、年収が200万円からいきなり600万円になるには、何か一発当てるしかありません。

あなたの年齢は黙っていてもどんどん上がり、つまり結婚市場における価値は黙っていても下がっていくのですが、あなたが一発当てられる可能性は果たしてあなたの年齢が上がる速度を打ち消せるほど高いでしょうか。

あるいは、痩せたい、とかもそうですね。あなたが5kg痩せるのにどれぐらい時間と労力がかかるかわかりませんが、他の人がその努力をあなたの思いどおりに評価してくれるかどうかは別の問題です。5kg多い状態のほうが素敵だと思う人もいるでしょうし、5kg重かろうが軽かろうが全然関係ない部分を好きになってくれる人もいるでしょう。ただ、来年になれば確実に1歳年はとるのです。

縁談はいったん断ったら取り返しがつかない

「じゃあ、私はもう○○歳だから結婚できないかも」と考える人、それはマイナス思考すぎますよ。来年より今年のほうが、来月より今月のほうが、来週より今週のほうが、明日より今日のほうがいい人が見つかりやすいのです。今年よりもいい相手が来年に見つかる可能性は（ゼロになるわけではないですが）より低くなるわけです。

だから「結婚するならいま」なのです。あなたが40歳だろうが50歳だろうが、結婚するならいま。もしもいまあなたの目の前に縁談があるのなら、もっといい人を、なんて恐ろしいことを言うのはやめましょう。悪いことは言いません。その縁談はいったん断ったらもう取り返しがつかないのです。昔、「もしあのとき結婚に踏み切っていたら……」なんて恋愛はありませんでしたか？　いまのあなたに来ているその縁談が、今後来る縁談の中で一番良いものである可能性は高いのです。その理由はここまで述べてきたとおりです。あとで後悔しないためにも目の前の縁は大事にしましょう。

当然、うまくいかなかったら……という不安が頭をよぎる人も多いでしょう。実際、うまくいかないこともあると思います。なので、少し離婚の話をします。

「1年間で3組に1組の夫婦が離婚している」は大ウソ

日本では1年間で3組に1組の夫婦が離婚しているなんて言う人がたまにいますが、これは実は統計を完全に読み違えています。考えてもみてください、あなたの周りの夫婦のうち、3組に1組が毎年離婚していきますか？　そんなことない、という人がほとんどだと思います。

平成30（2018）年の厚労省人口動態統計によれば、平成29（2017）年の婚姻件数は約60万7千件、離婚件数は約21万2千件です。ほらやっぱり3組に1組じゃないか、と思われるかもしれませんが、話はそう簡単ではありません。

人口動態統計の婚姻件数（婚姻率）と離婚件数（離婚率）の推移

単位：組（率：人口千対）

年次	婚姻件数（婚姻率）	離婚件数（離婚率）
2009	707,734 （5.6）	253,353 （2.01）
2010	700,214 （5.3）	251,378 （1.99）
2011	661,895 （5.2）	235,719 （1.87）
2012	668,869 （5.3）	235,406 （1.87）
2013	660,613 （5.3）	231,383 （1.84）
2014	643,749 （5.1）	222,107 （1.77）
2015	635,156 （5.1）	226,215 （1.81）
2016	620,531 （5.0）	216,798 （1.73）
2017	606,866 （4.9）	212,262 （1.70）
2018	590,000 （4.7）	207,000 （1.66）

出所）厚生労働省平成30年の人口動態統計の年間推計
注）平成29年まで確定数、平成30年は推計数である

婚姻件数は単純に「その年に婚姻届が出された件数」であるのに対し、離婚件数は「結婚しているすべての夫婦の中からその年に離婚届が出された件数」で、条件が全然違うので、単純比較できない数字なのですね。

ちょっと計算してみましょうか。平成29年の15歳未満の人口は1559万2千人で、全人口1億2670万6千人の12・3％です（総務省統計局）。ざっくり15歳以上を婚姻可能人口と考えると、日本の婚姻可能人口は87・7％ということになります。先ほど挙げた図表1によれば2018年の離婚件数は人口1000人あたりで1・70件、ということは離婚した人の数は倍の3・40人です。全人口を1000人と仮定した場合の婚姻可能人口は877人、2018年に離婚した人の数は3・40人なので、その割合は0・39％になります。つまり「婚姻可能人口を1000人」と仮定した場合、「日本の15歳以上の男女で、1年間で離婚するのは3・9人」、イコール「日本の15歳以上の男女のうち1年間で離婚しないのは996・1人」ということになりますね。

社会情勢や個人の意識の変化に基づく離婚率の変化を仮に無視したとして、結婚してから50年間（20歳で結婚したら70歳になります）、毎年1000人のうち996・1人が「離婚せずにい続ける」のは、996・1÷1000の50乗ですから、だいたい0・823。つまり82・3％の人は「50年間離婚しない」ということになり、逆に50年間の間で一度でも離婚する人の割合は17・7％になります。

どうですか、高いと思いますか、低いと思いますか。私は低いと思います。少なくとも、ここまで書いてきたメリットと比して、そんなに結婚に踏み切るのにネガティブになるほどギャンブルな数字ではないと思いませんか。

人は「年収」や「社会的地位」を理由に離婚しない

離婚の理由は人それぞれです。裁判所が出している司法統計の、全家庭裁判所における離婚申立事由を見てみましょう。

もちろん上に示された表の他にも理由はあります。ただ、これを逆説的に受け止めると、「こういう夫婦は離婚しにくい」というカタチが見えてきます。

●性格の不一致がないか、不一致があってもお互いそれを話し合って解決できる
●浮気や不倫の類をしない
●肉体的、精神的、経済的、その他あらゆるDV、ハラスメントの類をしない
●家族・親族との付き合い方についてキッチリ話し合う
●浪費をしない（どこからが浪費かは経済状況による）
●家庭のことをちゃんと省みて生活する

注目すべき点は、これらの離婚事由の中に「社会的地位が低くなったから」とか、「年収が低くなったから」という内容はない、ということです。

もちろんゼロではないでしょうが、社会的地位だとか年収だとかということを結婚前に気にする人が多い割に、いざ結婚したあとはそれが悪いほうに転んでもそう大きな問題にはならない、ということです。

そりゃお金があるよりはないほうが大変かもしれませんが、夫婦で、家族で助け合っていけば、「お金がないことは離婚に至るほどの重大な理由にはならない」という

婚姻関係事件数——申立ての動機別

申立人	夫	妻
総覧	18,134	48,351
性格が合わない	11,137	18,990
異性関係	2,594	8,357
暴力を振るう	1,535	10,459
酒を飲み過ぎる	423	2,983
性的不調和	2,400	3,462
浪費する	2,268	5,139
病気	795	844

出所）平成28年 司法統計年報 家事編
注）申立ての動機は申立人の動機のうち主なもの
3個まで挙げる方法で調査重複集計した

ことになります。

そして、これらのすべての前提となるのが、私が述べた「この人好みだ、人間的に好き」という条件なのです。「痘痕《あばた》も靨《えくぼ》」という言葉がありまして、「好きな相手ならあばた（皮膚病の治った跡の小さな穴）もえくぼのように見える」、という意味なんですね。

年収何百万円だから、的な「条件結婚」をしてしまうと、その条件が仮に失われてしまったらどうにもならないのですが、「人間的に好き」な人で、上に挙げた「離婚理由の逆」をちゃんとやれる人となら、そうそう離婚に至ることはないのです。

結婚相手は顔で選べ！

はじめまして、えらいてんちょうの妻です。夫の周りの人々には「てんつま」、などと呼ばれています。夫が結婚についての本を書くということなので、私もちょこっとお邪魔します。

結婚相手は「何か好みだ、安心できる」ということで選べ、という話がありましたが、私はもう「結婚相手は顔で選ぼう！」と断言してしまいます！

顔で選ぶ、というのは顔の美醜の問題ではありません。多くの人が「整っている、魅力的だ」と感じる人、いわゆる美男美女を選べということではなくて、自分の好みの顔の人を選びましょう、ということです。つまり、口が大きいとか、鼻の形が好きとか、目が離れているとかそういうことです。好みの顔が相手だとこんなメリットがあります。

メリット1　ケンカしても顔が好みだと「怒ってる顔も好き♥」となる

ケンカをすると相手に腹が立ちますよね。好みでない顔が怒っていると余計に腹が立ちます。でも好きな顔だと、「ま、いっか」となることがあります。理屈を超えて許せる範囲が広くなると、結婚生活がとても楽です。

メリット2 顔に性格はだいたい表れる

私の個人的な感覚ですが、顔に性格は表れると思います。私は占い師ではありません（人相占いという、顔のつくりで性格や運勢をみる占いがあります）が、穏やかな人は穏やかそうな顔をしているし、意地悪な人は意地悪そうな顔をしています。

そして、好みのタイプ（性格）と好みのタイプ（顔）はなんとなく一致するのではないかと思うのです。穏やかな性格の人が好きなら、穏やかそうな顔の人を好きになるのではないかと。どうでしょう、当たってますか？

メリット3 好みの顔は一生好み

年をとると顔はだんだん老けて変わっていきます。ただ、パーツの配置だとか骨格だとかは変わらないんですよね。年収が下がろうが顔が老けようが、パーツは同じなので好みの顔は一生好みのままです。

だから、結婚相手には好きな顔の人を選ぶといいのです。私ですか？　もちろん夫の顔は好みでしたよ。

離婚したっていいじゃないか

それでももし離婚してしまったら。あるいは、私はすでに離婚経験があるという人。良いじゃないですか。半年で離婚した人、逆に半年結婚していて良かったと思いますよ。結婚というのは人間としての修行期間のようなものですので、半年間修行を積めたということは今後の人生に厚みが出るということです。

大雑把に言えば、同じ年で結婚していない人よりも一度結婚して失敗した人のほうが修行を積んだぶんえらいのです。荷物を背負ったことのない人より背負ったことがある人のほうがえらいのは当たり前です。

ですから、私はバツイチだという人は堂々としていましょう。

私は「しょぼい起業家」ですが、どんな起業家でも最初に思い付いたアイデアが爆発的に当たった人はそうそういません。みんなひとつふたつの失敗はして、その経験を活かして成功につながるのです。

あるいは私はバツイチで子どもがいるという人。なおのこと良いと思います。最初のほうに書いたと思いますが、人はいかなる社会の中でも次の世代を育てる責任があります。

たとえばあなたがシングルマザーだけども結婚したいと思っているとして、相手の男性が自分の子どもじゃないからイヤだとか言い出す人だとしたら、そんな相手はやめにしましょう。

自分の子どもじゃないと育てられないという親、意味不明

「自分の子どもじゃないから育てたくない」という心理が、なぜ成立するんだろう、と私は疑問に思います。かりに婚姻状態にあるときに、相手が不倫相手と子どもを作ってしまった。これはダメです。離婚でも裁判でも好きにしたらよろしい。

ただ、父親が誰であろうと実際に生まれてきた子どもに罪はないですし、離婚経験

のある人と結婚しようとしたら相手に連れ子がいたとして、それがどうかというと、何のマイナスにもならないと思うんですよね。

かりにその子を心から愛せないとしたら、それはあなたの心の問題であって、少なくとも子どもには責任はまったくないわけです。あなたの子としてじゅうぶん愛してあげればいいじゃないですか。

さらに言いますと、この子は自分の子かどうかわからないからＤＮＡ鑑定をしたい、というような人がたまにいますが、こうなるともはや私には理解不能です。ＤＮＡ？　あなたは種馬か何かで、我が子を速く走らせるために血統がとても大事な人なのでしょうか？

「自分の子どもだと思って愛して育てていたのに」、じゃあ自分の子どもだと思ってそのまま愛して育てればいいじゃないですか。半分自分の精子からできていないと愛せませんか？

「生みの親より育ての親」という言葉がありますが、子どもがあなたを親だと思って慕っているのであればそれでいいじゃないですか。あなたのこれまでの人生で得たものをその子に渡してあげましょう。

ＤＮＡが合致する or しないで愛し方を変えるなんて、どれだけ冷たい人なのだろうかという気がします。

社会的立場があなたを父にし、母にする

人は、子どもを産んだから親になるのではありません（生物学ではなく、社会学の話）。いざ子どもを持ち、育てていくという、その社会的立場があなたを父にし、母にするのです。

自分の子だろうが他人の子だろうが、笑えばかわいいので一緒に笑うし、泣いたら泣き止むようにあやす。そして、次の世代を立派に生き抜いてくれるように教育をほどこす。これは人類普遍の原理で、この循環がなくなれば社会は滅びます。「ＤＮＡ

が誰のものか」などということに左右されるような余地はそこにはありません。

夫婦間で「そろそろ子どもを……」的な話になる基準として、年収を持ち出す人がいます。毎度同じ話で恐縮なのですが、年収は関係ありません。

私が先日Twitterでそのことをツイートしたところ結構な議論になったのですが、この日本国において、親の貧困と子どもの貧困に直接の因果関係はありません。

もちろん、親が実際に絶対的貧困状態にあるとすれば子どもも貧困になるのですが、「すべて国民は、健康で文化的な最低限度の生活を営む権利を有」し（憲法25条1項）ており、それに基づいて公的扶助や社会保険、社会福祉などのシステムが成立し、機能している以上、「親が絶対的貧困状態にあるということ」は原理的に有り得ません。

なぜなら、「親が絶対的貧困状態にあるということ」はつまり、「親が何らかの理由で適切な公的扶助などの福祉サービスを受けられていないということ」だからです。

たとえば「健康で文化的な最低限度の生活」の基準として挙げられる生活保護です

が、生活保護というのは、住む地域によって細かい額は違うのですが、子どもがいれば数万円加算して支給されます。

これとは別に、妊産婦加算、母子加算、児童養育加算、出産扶助、教育扶助と生業扶助、また急な出費に対応して、被服費、入学準備金、家具什器費、紙おむつ代など手厚い保護があります。医療費だって無料です。

あなたが懸命に働いた収入がそれより低いのであれば、それはあなたが悪いわけではないので、適切な福祉サービスを受けましょう（生活保護は働いて稼いだぶんが基準額以下なら差額受給が可能です）。

生活保護受給者は何でこんなにもらってるんだと批判するのは間違いで、あなたもそれだけもらえるという話なのです。むしろ、親が貧困でないにもかかわらず子どもを貧困状態にさせているとしたら、それこそまさに定義どおりの虐待であり、こちらのほうがよほど重大な問題だと思います。

「絶対的貧困」と「相対的貧困」

そのほかにも、保育園・幼稚園は、２０１９年10月から住民税非課税世帯においては無償化されます。小学校や中学校では、ＰＴＡ会費や修学旅行積立金、教材費などでそこそこお金がかかるといえばかかるのですが、生活保護には教育扶助というものがありまして、これでおおむね支払えるようになっています。

塾に行かせなければいけないだとか、私立に行かせなければいけないだとかいうのは「相対的貧困」というもので、食べるのにも困るような「絶対的貧困」とは根本的に異なります。

極端な話をすると、「周りの子どもたちの家はみんなタワーマンションに住み、ベンツに乗っているのに、うちだけ普通のマンションで国産車だ」というのは貧困なのか、ということです。違いますよね。これは「周りの人と比較したら」という話（相対的貧困）であって、実際には、食べるのにも困るほどの貧困（絶対的貧困）ではありません。

年収は教育の質に直結しない

さて、教育にはどれくらいお金がかかるものでしょうか。「お金をかければ質の良い教育を受けさせることができる」という命題はある程度真でしょうが、その裏である「お金をかけないと質の良い教育を受けさせることができない」は真とは言えないと思います。

つまり、「年収は教育の質に直結しない」ということです。これについて説明していきます。

そもそもの話ですが、「何千万円持っていようとも、子どもの教育に関心がなく、子どもに教育をさせることを放棄している親のもとでは子どもの知識欲は育たない」のです。塾でも家庭教師でもいいですが、とりあえず毎月何万か振り込んでおいて、

「ウチの子どもの頭を良くしてくださいと言っておいたのに何で成績が上がらないんだ」と怒っている人がいますが、これはパチンコ台と一緒で、〇〇万突っ込んだのに子どもが優秀にならない、と言っているようなものです。

子どもの成長をパチンコの出玉と同じに考えてはいけません。お金は持っていても、「勉強しろ」としか言わない親のもとで育った子は、残念ながら親相応の子にしかならないでしょう。

要するに、子どもの知的水準は育て親の知的水準に比例する、ということです。遺伝子なんかより環境、つまり「どれだけの文化資本に触れられたか」の影響のほうがよほど強いと思います。

たとえば、家に活字の本がたくさんあって、親がいつも何かしらの本を読んでいる。そんな環境下なら、子どもは自然と本を手に取る可能性がありますよね。これが電子書籍だとダメなのはおわかりだと思います。偶然本を広げるという可能性がないからです。ＩＨ調理器具からは子どもが火というものを学べない、というのと同じです。

あるいは、毎朝家に新聞が届く、でも別にいいです。いきなり子どもが一面から読み始めることはないかもしれません。最初はテレビ欄でもマンガでもいいのです。両親が常に社会問題や新聞の中身について話をしているような家庭だと、子どもも自然とそれらに興味を持ちますよね。

お金をかけない最高の教育法

究極のお金をかけない教育法は、（前著でも触れましたが）公園や図書館に連れていくこと、です。公園で四季に触れ、虫を探し、草花の名前を覚える。図書館で興味のある本を読んでみる。読み終わらなければ借りてくればいいのです。

これは私が昔から言っていることですが、公園の隣に住めば巨大な庭付きの家に住むのと同じ、図書館の隣に住めば巨大な本棚がある家に住むのと同じ、市営プールの隣に住めばプール付きの家に住むのと同じです（ちなみにお金がない人、ジムやプールの隣の風呂無し物件に住めば事実上風呂あり物件と同じです)。

さらに面白い遊び方を考えてみます。子どもを学会や研究会に連れていくというのはどうでしょう(もちろん、許可は必要ですが)。学会に集まっている研究者の先生たちは、子どもが見に来たら(発表の邪魔をしない限り)喜んでくれるのではないでしょうか。そして、みんなで子どもが喜ぶような知識を教えてくれると思います。

なんなら「石を投げれば博士に当たる」といわれる茨城県つくば市に住んでみるのはどうでしょうか。近所に住んでいる研究者の人と仲良くなれば、いろいろ興味深いことを教えてくれるかもしれません。

そして、往々にして、そういう出会いから人生を決めるような分野への関心が出てきたりするものです。朱に交われば赤くなり、門前の小僧は習わぬ経を読むのです。孟母三遷という故事もあります。

つまりは、子どもが多くの文化資本にアクセスでき得る環境や、そのためのチャンネルをどれだけ整えてあげられるか(厳密に言えばブルデューの定義した「文化資本」とは違うのですが、要するに「どれだけ子どもがたくさんの文化や自然などの環境に触れられる可能性をつくるか」）ということが大事でして、そのことに気付いている親は子どもの周りにいろいろなものを置いておき、子どもが興味を持ったものを与えます。そして子どもの興味は、必ずしも親がお金をかけたものに反応するというものではないのです。

子どもがやりたくないことをやらせる親

子どもにとって親という存在は、ある程度育つまでの間、絶対的に世界のすべてです。もちろん、俗にイヤイヤ期と呼ばれる第一次反抗期は存在しますが、これは「自分の意志で行動できることになったことの反作用」であり、いわば孫悟空がお釈迦様の手の平でグルグル回っているようなもので、所詮は親の用意した環境を飛び越えることはできません。ですから、親としては子どもにたくさんの世界にアクセスできるチャンネルを用意してあげましょう。

逆に、子どもに親の夢を背負わせるのはやめたほうがいいです。

お前は医者の子なんだから医者になれ。もちろんお医者さんの子どもなら医師の適性を持っている可能性は他の人よりも高いのですが、それを選択するのはあくまで子ども本人です。

子どもがやりたい、と言ってきたときにサポートしてあげればそれでよいのですが、「こんな点数じゃ医者になれないぞ」なんてことを言う親がいるんですね。自分が医者だからといって、子どもを医者に育てようとするのもよくないですが、ひどい例だと、自分は医者になれなかったのに、子どもに夢を託して、なんとか医者にならせようとしたりする。

じゃあお前は子どもが医学部に入れるような、適切な環境を用意しているのかと言いたくなります。

子どもが何をやりたいか、何をやるかは子どもが決めることです。子どもが親の職業を継ぎたいというなら継げばいいし、継ぎたくないというなら継がなくてよいのです。何もできないなら何もしなくてよいと思います。親がお金を持っていようとも、持っていなくとも、です（当然、実家が経済的に裕福だと働かなくても他の人より水準の高い生活を送ることはできますが、裕福でなくても飢え死ぬことがないのは再三説明しているとおりです）。

むしろ、子どもがやりたくないことを親が勝手にやらせることこそ良くないと思いませんか。親が子どもに有形無形の愛を注ぐのは当然ですが、そこに何らかの子どもからのリターンを期待したり、子どもを意のままに操ろうとしたりすると、これは親という立場を利用した一種の搾取です。子どもは子ども、あなたとは別の人間です。

子どもの幸せを親が決めるな

「こうしたほうがこの子の幸せになるから」と思う親の気持ちはわかります。そしてそれが「親の価値観においては」正しいことも多いでしょう。

たびたび書いているように親と子は別の人間ですので、親の価値観と子どもの価値観は違います。親のあなたが普通にできると思っていることと、子どもが普通にできることも違います。

子どもは子どもの価値観と、子どものできることの範囲内でこの世間の荒海の中を何とか生きていかなければいけませんので、子どもに過剰に干渉するのはやめましょう。要するに、「子どもの幸せを親が決めるな」ということです。

たとえば、子どもを産もうと考えているけれど、「こんな家庭状況（や、経済状況）では子どもを幸せにできないないから」とか、「自分がしてもらっただけのことを子どもにしてあげられるかわからない」などと言って産むのをためらうのは、本当にもったいない話です。

繰り返しますが、子どもが幸せになれるように親が有形無形の支援をするのは親として当たり前のことです。ただ、その支援は「子どもを自分の意のままにする権利」とも、「子どもの幸せの定義を勝手に親が決める権利」ともセットになっていない、ということです。

あなたがどんなに「こんな環境では子どもがかわいそう」と思っても子どもはたく

ましく、幸せに育つかもしれない。「この世は辛く悲しいところだから、この子は生まれてきたら不幸だ」と決めるのはやめましょう。

すでにそういう決断をしてしまったことがある人は、あまり自分を責めず、今後はそう考えないようにしましょう。

親という存在はとても影響力の大きいものではあるのですが、同時に、子どもにとって親は世界の一隣人にすぎないというのも事実です。たとえばアパートの隣に住んでいる人のところに訪ねて行って、「こんにちは、あなた生まれてこなかったほうが良かったですね」と言ったらブン殴られるのではないでしょうか。

子どもが幸せかどうか、生まれてきて良かったかどうかを親の価値観で勝手に決めるというのはこれと同じ構図であり、逆説的に、子どもに対して親は絶対的な支配権を有するという考え方の表れです。

とんでもなく傲慢な話ですよね。生まれてきて良かったかどうかは、子どもが自身の人生を懸命に生きた結果、最後にその人生を幸せだと思えばそれでいいのです。

子育ての話はあとでまた書きます。

今日見つかる人が最高の結婚相手

というわけで、大きく脱線しましたが、結婚するために今日より良い日はもう訪れないという話です。今日見つかる相手が最高の結婚相手である可能性が高いですので、その相手といますぐ結婚しましょう。

現在他の人から紹介してもらえているとすれば、その人が一番です。逃した縁談は二度と戻ってこず、また、あのとき結婚していれば、という後悔ほど虚しいものはありません。いま目の前にいる人を大事にしましょう。

「結婚したいんだけどなかなか相手が踏み切ってくれない……」という人は、「自分は結婚したいんだ」という意志をハッキリと相手に伝えましょう。

「結婚したいんだ」というのは「二人で今後の人生をやっていきたい」という、これ以上ないほど前向きな意志表示です。ここでグズグズ言っているような相手はよろしくありません。明日ダメになるならまだいいとしても、1年、3年、5年経ってやっぱりダメだった、と言われても困ります。

どうせ悩むならさっさと結婚して、いかにこの人とうまくやっていくかで悩みましょう。

そして、子どもを産むかどうか考えるときに親の環境を考慮するのはやめましょう。いまあなたの環境でできるベストを子どもに与えてあげればそれでよい、ということです。

第4章

結婚相手はペットだと思え

ストレスなく結婚生活を送るコツ

さて、恋愛の結果か、その他の方法によってかはわかりませんが、ひとまずあなたは伴侶を見つけました。おめでとうございます。まことに平凡ですが「結婚はゴールではなくスタート」という言葉を贈りたいと思います。

なにしろここまで数十年別々に育ってきた赤の他人同士ですので、おはようからおやすみまですべての生活の仕方が違うはずです。これをふまえ、お互いストレスのない形で家庭を運営していかなければなりません。

1日24時間365日の生活を、お互いが一番ストレスを感じずにやっていく方法は何でしょうか。それは、「相手に『やってもらって当然なこと』はできるだけ少なくする」です。その前提から説明します。

一般的に結婚というものは互いに権利義務が生じる契約（有償双務契約）であり、契約自由の原則に基づけば、契約内容は夫婦間で自由です。性交受忍義務と同居義務と貞操義務は多くの夫婦関係において成立していると思いますが（この3つはその義務を果たさないことによって離婚事由になり得ます）、そのほかは本当に自由で、夫婦の数だけ契約があると言ってもいいでしょう。

義務は、積極的作為義務と消極的作為義務、不作為義務の3つに分けることができます。積極的作為義務は「〜しなければいけない」というルールであり、「食事を作らなければいけない」とか「皿を洗わなければいけない」とかそういったことで、これはなるべく少なくしたほうが良いと思います。

消極的作為義務とは「ある状態を作り出して、その状態を保持する義務」です。「同居しなければならない」などがそうですね。

最後の不作為義務は「〜してはいけない」というルールで、たとえば「配偶者以外の異性と性的関係を持ってはならない」などです。

消極的作為義務と不作為義務は、数が多くても、個人の願望や生活習慣とバッティングしない限りにおいて、肉体的にも精神的にも負担にはなりません。この3つの義務は区別したほうが夫婦のルール作りはスムーズになると思います。

我が家の積極的作為義務は、「性交受忍義務」「夫→妻への扶養義務」の2つ、消極的作為義務が「同居義務」、不作為義務が「貞操義務」のみであり、あとは双方が信義誠実の原則に照らして合議して問題を解決する、最終的に判断をするのは夫である私、ということにしております（この「最終的な判断」の部分ものちほど説明します）。

妻は専業主婦ですが、「家事をする義務」を設けてはいません。すなわち、家が汚くてしょうがなくても、私が妻に「専業主婦なんだから家事をしろ」とは求められないし、実質的にも求めない、ということになります。

夫婦生活と犬のフン

なぜ積極的作為義務はできるだけ少ないほうがいいのでしょうか。

結婚と一見関係ない話ですが、かりにあなたが犬を飼ったとします。犬はトイレのしつけをしていなければ、部屋のそこらへんにフンをします。犬はそれでひとつも困りません。ハアハア言いながら喜んで、爪をチャカチャカ言わせながらクルクル回っています。

その状況を臭いとか不衛生だと思うのは人間の事情ですので、飼い主であるあなたが犬のフンを片付けなければいけません。犬に「なんでこんなところにフンをしたんだ！」と怒ったところで、犬はそれを悪いこととも思っていないし、別段それで不快でもないのに、なんでこの人は怒っているのだろう、人間って不思議だなあ、と思うでしょう。

夫婦生活（というか、他者との共同生活）はこれと同じです。違う生物がひとつ屋根の下に住んで社会を作るという意味において何の違いもありません。

どんなに綿密に事前準備をしたところで、大なり小なり暮らし方の相違は存在します。なぜこの人は味噌汁をこんなに辛く作るのだろう。なぜこの人は服を床に脱ぎ散らかしておくのだろう。なぜこの人は化粧に1時間もかけるのだろう。言い出したらキリがありません。好みのレベルで言うと、なぜこの人はソーシャルゲームを延々とやっているのだろう、とか、なぜこの人は目玉焼きにマヨネーズをかけるのだろう、などという話にまでなってきます。

なぜこの人は部屋をこんなに汚いままにして平気なのだろう、というのは、なぜこの犬は部屋の中でフンをして平気なのだろう、というのと構造は同じですよね。

そして、あなたがその状況がイヤだと思うのであれば、それをどうにかしなければならないのはあなたなのです。相手に「なんで部屋がこんなに汚いの？」と怒ったところで、相手はそれを悪いこととも思っていないし、別段それで不快でもないのに、なんでこの人は怒っているのだろう、この人は不思議だなあ、と思うでしょう。

犬だと不思議だなあで済むのですが、人間は怒られるとだいたい不愉快になりますので、日々そんなことを繰り返しているとだんだん相手のことが嫌いになってきます。

「そうでないと困るほうがやる」が原則

相手が犬ならしつけをします。犬用のトイレを作って、その上に排泄をさせ、そこでちゃんとできたら褒める。犬は褒められると嬉しいのでだんだんとトイレで排泄をすることを覚え、それが当たり前のことになってきます。

ここで重要なのは、「犬に無理やり人間のトイレを使わせない」ということです。何を言ってるんだと思うかもしれませんが、これは大事なことですよ。

もし犬が人間のトイレを使えたとしたら掃除は楽なのですが、犬の体の構造はおおむね人間用の便器を使うのに向いていません。

どうしてもやれと厳しくしつければいずれは覚えるかもしれませんが、向いてないので失敗を繰り返す犬を一生懸命しつける飼い主も疲弊しますし、犬が足を滑らせて便器の中に落っこちてしまうかもしれません。

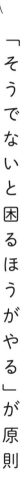

人間相手でもこれと基本的な考え方は同じです。

夫婦生活においては、原理原則として「そうでないと困るほうがやる」というのが基本です。部屋が汚い、でもいいのですが、相手が部屋を散らかして困るならば困る側が掃除をする。自分の下着がない、でも自分の下着がなくて困るならばあなたが洗う。

自分が困るからやる、というのが当たり前でして、相手に対して「なんでこうしないんだ」と怒るのは、自分のストレスが相手に平行移動しているだけですので、なんら問題の解決になっていません。それはただの押し付け合いです。

結婚という契約を結ぶ時点で「家事は全面的に妻（または夫）が行い、それに対して夫（妻）は自分の意志を自由に反映せしめることができる」という積極的作為義務関係にしているなら話は別なのですが、そうでなければ「相手に何かをしてもらうことを当たり前と考えてはいけない」という話になります。

相手にしてもらうことを最小限にする

義務ではないけれども、相手の協力を必須とする、あるいは相手の協力があったほうがよりスムーズにいく、ということも多数あります。

人間は犬より言葉が通じますので、たとえば相手の部屋が汚いけど相手が掃除をしない、というのであれば、「掃除をしてほしい」ということを丁寧に「依頼」してみましょう。ケースによっては、相手が単純にその事実に気づいていないだけで、言えば簡単に解決することもあります。

ただ、本人が必要性を感じていないものをやり続けるというのはなかなかに困難です。ダイエットだろうが禁煙だろうが、最初の決意だけではなかなか続かないですよね。

相手がたくさん褒めてくれればまだ嬉しくなるのでモチベーションが上がるのですが、できなかったときに怒られたり、命令口調で言われたりすると「別に自分は困ってないんだけどな」という感情は当然湧きますし、腹も立ちます。

これが、先ほどの「犬に無理やり人間のトイレを使わせない」ということです。相手が気づいていないだけでスムーズにできることならば、丁寧に言えば済みます。ところが、人によっては言われてもどうしてもスッとできないことというのも存在します。

私の場合で言うと、「なぜ領収書を失くしたの！」と言われたところで、どうにもできません。降りる駅まで切符を持っていられない人間に領収書を管理させるのは、犬に無理やり人間のトイレを使わせるのと同じぐらいしんどい話なのです。私だって領収書も切符も失くしたくない。いろいろ失くさない方法も試してみました。でも、どうしても苦手なものは仕方がないのです。

相手が犬ならば、怒っても仕方ないからうまくできる他の方法を考えよう、と誰でもわかるのに、こと相手が人間になると、なまじ言葉が通じるぶん期待をしてしまうんですよね。

ちゃんとできたら褒めることが大事

さらに犬の例が続きます。あなたは部屋のそこらへんで犬にフンをされると困るので、その犬が使えるような、犬用のトイレを作ってそこで排泄をするように覚えさせる。ちゃんとできたら褒めてあげる。これも人間に応用できます。

この本を書きながら妻と「どんなエピソードがあるかな」と話していたら、妻がいい例を出してくれました。さっき出てきた服の話です。

堂々と言うことでもないのですが、私は家に帰ってコートを脱いだら、それをそのまま玄関に放り投げてしまうタイプの人間です。私は家の中がどういう状態であろうが比較的どうでもいいのですが、妻は私よりも部屋を綺麗にしておきたいタイプですので、掃除や洗濯は主に妻の担当です。

妻は何度か私に「脱いだコートはハンガーに掛けてくれ」と頼んだそうですが、中し訳ないことに、私はちっともそれを覚えませんでした。何度言ってもやらない私に対して、妻は言っても無駄だと思ったのでしょう、一計を案じまして、玄関にカゴを設置して、コートはここに入れてくれ、と言いました。無精きわまる私も、コートを脱いで放り投げようとしたときにカゴがあったらそこに入れる、ぐらいのことはさすがにできるようになりました。

「なんでハンガーに掛けないの!」と怒られてもできないのですが、目の前にカゴがあればそこに放り投げることはできる。これはつまり「犬用のトイレ」と同じ原理ですよね。妻にそのカゴからコートを回収するひと手間をかけさせていることは申し訳ないのですが、妻に言わせればその辺に投げておかれるよりはずっとマシだそうです。

「これくらいのこと」はあなたの事情であり、相手にはまったく関係ない

たとえばリビングで寝っ転がっている人にそのリモコン取って、とか、帰りに醤油

を買ってきて、などと言ったときに、相手がかりに渋ると、「なんでこれくらいのことをやってくれないんだ」と怒る人がよくいます。

この怒りはまったく筋違いでして、そもそも、「あなたにとって『これくらいのこと』ではない」ので相手にお願いをしているわけですよね。あなたが「これくらいのこと」だと思っているなら、あなたがやればいいわけですから。

リモコンはあなたからはたしかに取りにくい位置にある。でも相手にとってはテレビのチャンネルをいま変える必要がないので、リモコンがどこにあろうとどうでもいいわけです。

あなたは醬油が欲しいと思っているけど、店が遠いなどの事情があるから、いま外にいる相手に頼んでいるわけですよね。自分ができないことを人にやってもらうのに「これくらいのこと」と定義するのはいけません。そもそも、それが相手にとって「これくらいのこと」なのかどうかも不明瞭です。

それでも、たとえば自分が明らかに忙しくて、手が回っていないから相手にやってもらいたいというような場合は、丁寧に「依頼」をしましょう。

相手に依頼したのに断られた場合

問題は、この依頼を相手が聞いてくれない場合です。よくある話だと思います。こういうときはどうするのが良いのでしょうか。

「相手のことを思いやり、可能な限り大切にする」ということは夫婦関係の基本中の基本（この章の最初で定義しているところの「信義誠実の原則」）なので、その部分について話し合いをする、というのが考え方としては正しいと思います。

つまり「なぜこれくらいのことをやらないのか」という「個人の考え方」を論点にするのではなく、「丁寧に頼んでいるのに聞いてくれない理由」という夫婦の関係性について問い直す話し合いは有り得ると思います。

ここをもう少し説明します。

私と妻を比べると、私のほうが身長が高いです。ですから、切れた電球を替える、という行為は、妻がやるよりも私がやるほうが合理的です。

あるいは、タンスの高いところに服をしまう、という行為も、妻が踏み台を持ってくればできないわけではないのですが、私がやれば踏み台はいらないので、労力が少なくて済むわけです。こういった場合に、しかるべき理由がないのにもかかわらず、私はどうしても電球を替えるのがイヤだと断乎拒否することは夫婦関係上あまりよろしくないですよね。

さっきの醬油の話でいうと、私はいま着替えてもう寝ようとしている。妻は少し前に駅のあたりにいると連絡があったので、もうすぐ帰ってくるらしい。このとき、私が「帰りにコンビニで醬油を買ってきてくれたら嬉しい」と言って、妻がまだコンビニの手前にいるならば、コンビニに寄ってくれたほうが助かるわけです。

ここで、妻が今まさにコンビニの店内にいるのにもかかわらず醬油を買ってきてくれない、ということになると、あまり健全な状態ではありませんよね。

「察する文化」は夫婦間ではマイナス

基本のフローは先ほど述べたとおり、「やらないと困るほうがやり、できないときには丁寧に依頼する」ですから、「その依頼に応えなかったという事実に対して怒る」のは筋違いです。

醬油なら、妻がコンビニをもうはるかに過ぎてしまっていたら仕方ない、とあきらめる話です。それでも私が明日の朝のお豆腐にどうしても醬油をかけたいのであれば、私が起きて醬油を買いに行くのが正しく、妻にコンビニに戻って買ってきてくれと言う権利はないわけです。

あくまでこれを踏まえた上で、ですが、「とくに問題がないのであれば相手の要請には応えておいたほうがうまくいく」のは当たり前でして、なんでもかんでも「困ってるのはあなたなんだからあなたがやりなさい」と四角四面に斬り捨ててしまうと、理屈としては正しくても夫婦の関係性が悪化してしまいます。

ですから、何度もこういた筋論で斬り捨てられるような状況が続く場合には、どうもディスコミュニケーションが発生しているのではないか、と考えた上で、「丁寧に頼んでいるのに聞いてくれない理由」について話し合うわけです。

間違っても「私が困っているのにあなたはそれに気づかないのか、それぐらいのことは察しろ」という方向に行ってはいけません。

夫婦間において「察する文化」というものは、あらゆる意味でマイナスにしかならないのでやめたほうが良いと思います。お風呂の水垢《あか》を掃除したのに、いつもより手の込んだ料理を作ったのに、気づいてくれない。これは、髪を切ったのに、とか、今日のメイクはいつもと変えたのに、みたいな話でも同じです。

大事なのは「本当に達成すべき目的は何なのか」です。そしてその「本当の目的へ最短距離で向かうこと」です。料理で疲れたのでお皿を洗ってほしいなら「お皿を洗ってもらう」ということが本当の目的ですね。だとすれば、「ちょっと疲れちゃったんだけど、お皿を洗ってもらえないかな?」と頼めばよいのです。

髪を切ったなら「いい感じになったね」と言ってほしいわけですよね。ならば、「髪切ったんだけど、どう?」と聞けばいい。そう聞かれれば、「いい感じじゃん」といったようにスッと反応しやすいわけです。

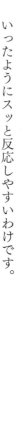

「頑張ったから褒めて方式」のすすめ

ところが、そこに「○○したのに、気づいてくれないな、いつ気づいてくれるのかな」といった感情を乗せて勝手にイライラしていると、議論の本筋がズレまして、会話の初手が「なんで気づいてくれないの!」みたいな感じになってしまいます。

相手はなんでいきなり怒ったのかわからず困惑しますので、ますます火に油を注いでしまう。イライラするわ、話は嚙み合わないわで本当に不毛なケンカが発生してしまいます。

そんなことで争うくらいなら、「今日お風呂掃除して、水垢全部取ったんだよ、褒めて褒めて」と素直に最初から言えば「おー本当だ綺麗になってる、すごい、ありがとう！」となりやすいのではないでしょうか。

我が家ではこの「頑張ったから褒めて方式」を積極的に採用しておりまして、大きな成果を上げております。読者の皆さんにもオススメします。

まとめますと、積極的作為義務は最小限にして、あとは「それをやらないと困るほう」が基本的にやり、できないときには「丁寧に依頼」する。依頼に応えてくれたら、褒めるなどして「感謝」を伝え、依頼された側もできるだけ依頼には応えるようにする。これはあくまで依頼なので、相手が応えなかったとしても怒ってはいけないが、何度も続くようであれば話し合いをして、価値観の擦り合わせをする。不満はできるだけ溜め込まない。この流れを念頭においておけば細かいすれ違いはずいぶん回避できると思います。

「やらなくても困らないことはやらなくてよい」

ちなみに「それをやらないと困るほうがやる」というのは、裏返すと「やらなくてもどちらも困らないことはやらなくてよい」ということです。

「いかによその家庭で普通とされていることであろうとも、我が家で誰もそこを気にしていないのであればやる必要はない」のです。「家庭はこうあるべき」という思い込みは捨てましょう。

たとえば、夫婦のどちらかが料理を作るという風習が世の多くの家庭で見られますが、じつは結婚生活において料理をするということ自体、まったく必須ではないんですよね。なぜなら、ご飯が食べられさえすればよいからです。お金が続くのであれば永遠に外食を続けても構わないし、料理人を雇ってもよいわけです。

また私のだらしない話で恐縮なのですが、我が家では洗濯乾燥機を愛用しています。スイッチを入れると洗濯から乾燥まですべてやってくれる優れモノです。

妻いわく、結婚当初、乾燥した服を取り出すと、私の服がすべて裏返しの状態で乾いて出てきたそうです。理由は簡単で、私が服を脱いだときに、全部裏返しのまま洗濯機に放り込んでいたからです。

最初は妻が裏返った服を全部表に戻して畳んでくれていたのですが、ある時から「なぜこんなことをする必要があるのか」と思って、表に引っくり返して畳むのをやめたそうです。

妻の言い分はこうです。「なんで裏返しにして出すの？」と何度言ったとしても夫がわざわざ表に戻して洗濯機に入れるとは思えず、まさか裏返したまま出している当の本人が「なぜ表向きに畳まないのか」と怒ることもない。であれば、裏返しに出てきた洗濯物を裏返しのまま畳んでも何の問題もないはずである。夫は「裏返しに畳んである服を表にして着る」ことにはまったくストレスがないけれども、「裏返しに脱いだ服を表にして洗濯に出す」ことはできない人間で、それをヘタに無理強いすれば、経営者である夫の仕事の生産性を下げかねない。裏返しのまま畳んだほうが私も楽だし、夫もそれでよいのなら、わざわざ表に戻して畳むことはムダでしかない、だから夫の服は裏返しのまま畳んでしまおう。

どうですか？　私の妻、最高じゃないですか。妻はこれで洗濯物を畳む時間と労力を節約でき、そのぶんを子どもと向き合う時間や、自分の時間として使うことができるわけです。

私は服を裏返しのまま洗濯機に放り込んでも怒られずにすみ、さらに裏返しのまま畳んである服を表にして着ることに対して、もとより何の文句もありません（むしろ畳んでもらえているだけありがたいと思う人間です）。

前に挙げたコートを入れるカゴの話もそうですが、妻は「なぜ相手が思いどおりに動かないのか」とイライラするのではなく、「そもそものとおりに動く必要があるのか」「自分が本当に相手にやってほしいことは何で、どうやったら相手がそれを気持ちよくやってくれるのか」ということを実によく理解してくれており、それを踏まえた上でいろいろとやってくれるので、私は外で気持ちよく働いてくることができるんですね。本当にありがたいかぎりです。

「結婚して良かったことランキング」

家庭をうまくやりくりしていくにあたって、「相手に何かをしてあげている」と思い始めるのは非常によくないことで、どんどんマイナスの感情が増えていきます。

これは結婚相手を見つけるときからそうでして、「自分は引く手あまたなのに結婚してあげた」なんていうマインドは最悪ですね。お前なんかこっちから願い下げだという話です。

同様に「誰のおかげで飯が食えてるんだ」も最悪ですよね。お前の世話になるぐらいなら、と言いたくなります。魚心あれば水心ですので、相手に対しては常に感謝を忘れず、そしてそれをちゃんと伝えるようにしましょう。

ちなみに我が家には「結婚して良かったことランキング」というものがあり、何か嬉しいことがあると「これは結婚して良かったこと3位に入るね〜」などと言っています。

別に厳密に順位の入れ替えが発生しているわけではありません。単に「あなたと結婚して良かった」ということをカジュアルに伝え合っているだけです。たいしたことではないのですが、簡単な割に満足度が高く、よーし明日も仕事を頑張るか、というモチベーションになります。

「何かをしてあげている」という感情は、おそらく「私はこれだけのことをしてあげているのに、相手はそれに見合ったことを私にしてくれていない」という不公平感からくるのでしょう。この感情は、実はもう少し掘り下げる必要があります。

たとえば、あなたが女性で、家事に限定した視点で「私はこれだけのことをしているのに、夫はこれだけしかしてくれない」と感じたとします。ところが、夫は妻がそれだけのことをやってくれていることによって、より仕事においてパフォーマンスが出せているかもしれないわけです。

私の妻が「服を裏返させると夫の仕事の生産性が下がる」と言うのと同じです。結果的に、あなたが家事を頑張っていることによって、家庭によりたくさんの収入がもたらされているかもしれないのです。

反対に夫の側も、「自分が仕事でパフォーマンスを出せているのは妻のおかげだ」と感謝するべきではありますし、妻も仕事をしているのであれば、自分が妻の仕事のパフォーマンスを下げていないか自問するべきではあるのですが。

お互いのパフォーマンスを高める方法

相手を機嫌よくさせておく、というのは結婚生活において一番ストレスを溜めない方法と言っても過言ではないかもしれません。

どんなに金持ちでも家庭内がギスギスしていては楽しい生活は送れないでしょうし、どんなにお金がなかろうとも一家がニコニコしていれば幸せではないでしょうか。子どもがいる場合はとくにそうで、子どもは親の仲の良し悪しを敏感に感じ取ります。

突然ですが、九州では男尊女卑の風習が根強く残っている、といわれることがあります。もちろん九州も広いですし、家庭にもよるでしょうが、おもによその地域から来て九州で結婚した人が、前時代的な男尊女卑の風習に驚いた、なんてエピソードをたまに見かけます。

では、九州の女性たちは、自分たちのことをそんなに虐げられていると感じているのでしょうか。もちろん実際にそう感じていて、本当に苦しんでいる人もいるのでしょうが、私の周りの九州出身者に聞いてみたところ、少し違った感想が聞けました。

いわく、九州の女性、とくに専業主婦の女性は、いわば「鵜飼い」の「鵜匠」のようなものなんだそうです。長良川などで行われている有名なアレです。そして、夫は鵜飼いの「鵜」だというんですね。

つまり、妻は夫の首に紐をつけて魚を獲ってこさせているわけです。妻は夫がよりたくさん魚を獲ってくるように、家の中では夫を立てておき、何なら晩ご飯に一品多く出すなどして、「父ちゃんはエライ」とおだてておくわけです。そうすると夫は機嫌が良くなって、余計に魚を獲ってきます。

しかし、獲ってきた魚が増えると嬉しいのは、鵜である夫よりも、鵜匠である妻なんですよね。男性が一見偉そうに見えるのですが、もっと広い構図で見ると主導権を握っているのは完全に女性である、ということです。

男が何も知らずに気持ちよく魚を獲ってきている間、その女性たちのホンネは、女性たちの場だけで共有されるわけです。

この構図が全面的に正しいのでみんなそうしましょうとは言いません。ただ、家庭で気持ちよく過ごせることによって外での仕事のパフォーマンスが上がるという現象は確実に存在すると思います。

相手を転がしていきましょう。自分は転がされていましょう。この場合の本当の目的は、夫にも妻にも「家でニコニコ過ごしてもらうことによって、結果として家庭も仕事もうまくいく」ことです。

ここで目の前の損得や感情に動かされて語ってしまうと、長い目で見て損になってしまうことがあるんですね。

たまに「私は絶対に誰にも利用なんてされてやらないし、転がされてもやらない。私を褒めても絶対に思いどおりになんかなってやらないぞ」という謎の意地を張っている人がいますが、私はこういう人は損をしているなあと思います。

もちろん悪意を持って寄ってくる人に利用されることは拒まなければならないでしょうが、あなたにニコニコしながら寄ってくる人の大半は、単純にあなたと友好関係を結びたいだけです。

ひょっとしたらお互いにメリットがある話を持ってくるかもしれないのに、「結局お前が得する話じゃないか」と言って斬り捨ててしまう人は、自分にもたらされるメリットも捨ててしまっているんですよね。

極端なことを言えば、この本だってそうです。「こんな本を書けば売れますよ！」と出版社におだてられ、私もそれに転がされて調子に乗って書いていますが、「そんなの出版社が儲けたいだけだろ！」と言ってしまったらおしまいですよね。本が売れたら私も儲かるわけですから。

家庭内でも同じことです。「いつもおいしい料理を作ってくれてありがとう」と言われて、「そう、私がいつも苦労して料理を作っているんだ、たまにはあんたが作れ」という方向に考えてしまうと、誰も得をしない残念なことになってしまいます。その場ではニコニコ転がされておいて、別の場面で相手に何かをやってもらったら、それに対してニコニコしてお礼を言って転がし返す。そうやって転がし転がされていくことで雪だるま式に笑顔が増えていくとしたら、こんなにいいことはないと思います。

「イクメンって言うな」って言うな

この話を書いていたら、妻が「イクメンって言うなって言うな」という話を始めまして、まさにそのとおりと思いましたので書いておきます。

「イクメン」という言葉が、いつごろから世の中で言われ始めたのかはよくわかりませんが、少なくとも2010年には当時の長妻昭厚生労働大臣が「イクメン」について国会で発言し、厚生労働省が「イクメンプロジェクト」を始めています。それから10年近くが経ちまして、イクメンという言葉自体は一定の市民権を得たように思います。


ところが、「このパパはこんなふうに子育てに携わっている」という感じでイクメンの話を始めますと、どこからともなく「それぐらいでイクメンって言うなママ」が登場することがあります。いわく「女性はそれ以上の子育てを当たり前にやっているんだ、男はたったそれっぽっちのことをやったぐらいでイクメンと言うな」ということですね。

これも「本当の目的へ最短距離で向かわず、感情を乗せてしまったがゆえに話が本筋からズレている例」です。

本当の目的は何か。

男性と女性が負荷を分担して子育てを行い、女性にかかりがちな育児の負担を減らすことですよね。だとするならば、男性がこんなふうに育児に取り組んでいます、という例を「それっぽっちでイクメンを気取るな」と感情的に叩き潰すのは、せっかく膨らみ始めた男性の〝育児参加〟の芽を摘む、誰も得しない行為ではないでしょうか。

「イクメンって言うなママ」も、自分が育児をするにあたって「夫があまり手伝ってくれない」という悩みや不満を抱えているからこそ「それぐらいでイクメン気取らないでよね」と思うのでしょう。

たしかに出産や育児はとても大変なもので、いくら男性がわかったフリをしても、当の女性にしかとうてい理解できない、とても大きな負担が心身の両面にかかるはずです。

しかし、全否定してしまってはゼロですが、少なくとも男性が育児をやる方向に進む、という意味でプラスの方向には進んでいるわけですから、（たとえ感情的にはそれぐらいでイクメン気取るなと思っていたとしても）一歩前進と捉えて褒めて、次はどの育児を手伝ってもらおうか、と考えるほうが、よほど自然にあなたの夫の〝育児参加〟は進み、結果的に目的達成に近づくと思いますよ。

おだてたり乗せたりして、気持ちよく相手を転がして、気持ちよく家事も育児も分担できれば全員幸せです。家事育児を多く分担させるために言い争うより、皿が飛ばない家庭のほうがよほど子どもの教育に良いと思います。

夫婦のどちらかに最終決定権を！

さて、「夫婦がうまくやっていく方法」について書いてきましたが、話し合ってもどうしても結論が出ないことというのはあります。

まえがきでも書いていますが、家庭とは小さな社会です。ひとりで生きているとすべてのことを自分で決定し、自分で責任を取ることになるのですが、家庭という社会では、最終的に夫婦どちらかが最終決定権を有しなければいけません。これは夫婦どちらでもよいです。

ふたたび登場する内田樹先生は『困難な結婚』では、「家庭内には『ボス』がいたほうがいい」という章で、家庭での最終決定権者の必要性について書いていらっしゃるのですが、私もそれに賛成です。

企業という組織の中で、最終的に責任を取るのは社長であるのと同じです。仮にものごとを「民主主義的家族会議」で決定するとしても、「民主主義的家族会議で決定することを決定する」のは誰か、ということになりますので、やはり最終決定権者は必要なのです。

夫婦に限らず、小規模な団体ではおおむねそうですが、民主主義的な体裁を整えたところで「結局は誰かの意向で進む」ことが多いという現象は、皆さんも見たことがあるのではないでしょうか。

先ほどの九州男児ではないですが、家庭はひとりの王を戴いた王国のようなものだと思っておくと話が早いでしょう。

これは別に、かしずいてお伺いを立てろ、という意味ではありません。社長と役員の関係でもいいですし、大臣と官僚の関係でもいい。決定権者としての役割を持っている、というだけで、どちらが偉いという話ではありません。配偶者ひとり、場合によっては子どもがいるだけの小さな王国ですから、あんまり暴政を敷いていると、革命が発生したり、ある日家に帰ってきたら国民が国土からいなくなっていたりします。

大臣と官僚の関係なんかはまさにそうだと思うのですが、大臣はあくまで内閣の一員としてその省のトップに任命されただけで、ハンコを押す責任者ではありますが、より実務に通暁しているのは、ずっとその仕事をやっている官吏の人たちのほうであることは明らかです。

官僚が反発して大臣と大喧嘩をして仕事をボイコットしたら、途端に実務は回らなくなるはずですし、実際に本当に実務が回らなくなって大臣が交代する例は多数ありますよね。ただ、何か気に食わないことがあるとすぐに革命が発生する、というのも、家庭内が政情不安定すぎて困りものです。革命は最後の手段ですので、あまり頻繁に起こさないようにしましょう。

逆に、すべてをトップダウンで決める形にすればいいかというと、もちろん違います（この話は次でします）。お互いコミュニケーションを綿密に取りお互いの権利も尊重しながら、夫婦で王国を楽しく、楽に運営していきましょう。

この章では「家庭という社会のありかた」について書いてきましたが、次は「家庭における個人個人のありかた」に関する話になります。夫婦という関係の中での個人について、そして夫婦には避けて通れないセックスについて、続いてお話をしていきます。

第 5 章

縁側でお茶を飲むのはセックスです

家庭の中にも公私あり

「夫婦という社会には丁寧なコミュニケーションが必要」という話をしてきました。たしかに、夫婦をやっていく中で何か問題が発生したときに、最大の解決策となるのはコミュニケーションなのですが、なんでもかんでもコミュニケーションを取り、おうかがいを立てなければならないかというとそうではないと思います。

「家庭という社会を運営する」にあたり何らかの問題が発生しているときにはお互いちゃんと話し合いをしたほうがいいのですが、何の問題も発生していないときにでも何もかも共有しなければならないかといえば、そうではありません。

社会は当然個人と個人の集合体ですので、「社会から離れた個人としてのありかた」という側面を忘れてはダメなんですよね。それぞれの自由を尊重しないと過干渉になり、お互いウンザリするということになってしまいます。家庭の中にも公私はあるのです。

たとえば、夫婦はいついかなるときも一緒にいなければならないかというと、そんなことはありません。友達とご飯を食べに行きたいということもあるでしょうし、趣味に時間を使いたいということもあるでしょう。

これは家の内外を問わずそうでして、できるだけお互いの自由な時間は担保したほうがいいと思います。

もちろん、家事やら子育てやらで、平日に夫婦の片方に負荷がかかっているのであれば、休みの日はその任務からお互いが解放してあげることも必要です。

夫婦は基本的に別行動すべし

私は、むしろ夫婦は基本的に別行動でいいと思っています。

たとえば、私の妻は買い物に時間をかけるのが好きですが、私はそれが好きではありません。この場合、私が妻の買い物についていくことにあまり意味はありません。

ストレスが溜まるだけだからです。この場合私は家で子どもの相手をしていたり、車で出かけた場合は別行動をしたりしています。

逆もまた然りで、私の趣味、たとえば仲間と麻雀をしたりするのに妻を連れて行っても妻は面白くないでしょう。妻は他にやりたいことがあるでしょうから、存分にやってくればいいと思います。

これはデート中でもそうで、何を食べたいかでケンカするぐらいなら、別の店でご飯を食べればいいのに、と思います。我が家ではそうしていまして、意見が分かれた場合、集合時間だけ決めて別の店に行きます。お互い好きなものを食べられるのでハッピーです。そんなことでケンカするのはもったいないですよね。

ただ、意見が一致しているのにわざわざ別々に食べる必要はないですし、買い物に行くときでも私について来てほしいという理由があるのなら、私もできるだけ妻の希望に添いたいと思いますので、そうします。

相手の趣味を否定しない理解できなくても

独身と、子どものいない夫婦と、子どもがいる夫婦では時間や距離などの感覚がまったく違います。ひとりなら、どこへ遊びに行くのも、電車や自転車で遠出するのも楽ですし、思いつくままに誰に相談もせず、自分の思いどおりです。

これが子持ちで、とくに子どもが自力で動けない年齢だったり、もう少し大きくてもひとりで行動するには危ない年齢だったりすると行動半径がグッと狭くなります。子どもも親も疲れますからね。

必然的に、ショッピングモールのような複合商業施設サイコー、ということになります。ひとつの建物内ですべてが完結するというのは、世の中の店すべてがそれになってしまうと味気ないものですが、こと子持ちにとっての楽さという点においては、他をもって代えがたいものがあります。

ですので、時間の使い方は夫婦お互いが楽な形を選べばいいと思います。

何なら、休みの日に趣味の時間を別々に過ごしてもいいと思いますよ。

私は相撲を見るのが好きですが、別に妻に相撲を好きになってほしいとは思っていません。私も妻の個人の趣味を邪魔したくありませんし、妻が私を無理に付き合わせることもありません。おそらくそのほうが問題は起こらないと思います。

ただ「一緒に映画を観られる相手と結婚したい」というような場合はちょっと話が別でして、同じ趣味の人を探す必要があります。そうでなければ、お互い自分の趣味を捨てる必要はありません。


大切なのは「理解できなくても相手の趣味を否定しない」ということです。それが自分のあまり好きでないものだった場合、自分の関知しないところで勝手にやってもらえばよいでしょう。

たとえば相手の趣味のフィギュアやプラモデル、ゴルフや釣りの道具、あるいは宝石やアクセサリー、ブランド物のバッグなど、見るのも不愉快だ、という場合は押入れか何かにしまってもらって、そこは見なければよいのです。

最近テレビなどで、家の人の趣味で何年もかけて集めたコレクションを捨てさせる、的なものがあるそうですが、とんでもない話だと思います。他人の好きなものを否定すると戦争になりますよ。

家計に大きく影響するようなもの、あるいは、犯罪など家庭の存続にかかわるようなもの。また、どうしても本当に不愉快だから、お願いだからやめてくれというもの。こういうものでなければ相手の趣味は許容していきましょう。

夫婦はわかり合わなくてもいい、けなし合わなければいいのです。

夫にはできるだけ自由にしてほしい

私は経営者の妻として、夫にできる限り自由にしてもらいたいと思っています。

夫の行動を制限し口出しすることは彼の生産性を下げることであり、それは収入に影響すると考えるからです（もちろん、経営者の妻である前にひとりの女性として、愛する夫にストレスなく日々を過ごしてもらいたいという思いが一番にありますよ）。

これは、配偶者が経営者ではなくても、より良い夫婦関係のために必要なことだと考えます。


たとえば、私は夫が夜出かけることを正直あまりよく思っていません。

しかし、彼の生活リズムは完全に夜型で、私が「夜出かけないで」と言うことは彼の自由を奪い、生活リズムを否定し、仕事の生産性を下げます。

何もいいことはありません。

夫はほとんど趣味にお金を使わず、しかもインドア派なので、たまに「友達と遊びに行きたい」というときくらい、夜でも笑顔で送り出してあげようと決めています。

仕事のことにも意見を求められない限りは口出しをしないようにしています。

一番身近な存在として、彼のイエスマンでいるよう努めているつもりです。

また、夫にとって私と結婚していることが足枷にならないように、「結婚して良かった」といつでも思っていてもらえるように、できるだけ独身のときのように自由にさせてあげたいと思っています。そんな側面もあります。

ただどうしても嫌なことだけは、きちんと伝えるようにしています。

普段あまり否定的な意見をしないぶん、いざというときは聞き入れてくれることも多いような気がしますね。

家計には使途不明金があったほうがいい

お金の面でもそうです。何をどれだけ買ったか、いちいち報告しなければならないようだと息が詰まります。家計にはいくらか使途不明金があったほうがいいと思います。たびたび登場する『困難な結婚』で内田樹先生は、「互いの財布はブラックボックスに」と主張されています。

お互い自由に使える金額をある程度設定し、その中で好きに使えばいいじゃないですか。ヘソクリ万歳です。

ちょっと疲れたからタクシー乗っちゃった。あるいは、自分は500円のランチを食べているのに相手が1500円のランチを食べていた。そんなしょうもない話でケンカするのはやめましょう。1500円のランチ、心が豊かになりますよ。たまに1500円のランチを食べて相手がニコニコしていてくれるなら、500円のランチしか食べないけど怒っているよりよほど幸せではないでしょうか。

1500円もランチに使って、とかゴチャゴチャ言う人に限って、飲み会と称して平気で5000円使ってきたりします。それが悪いというのではありません。家計に影響を及ぼさない程度なら、お互いの細かいお金の使い方に対しごちゃごちゃ言わずニコニコしていようというのが私の言いたいことです。

これも先ほどの話の続きで、夫婦はそれぞれ別の人間なので、お互いが好きでやっていることを否定するのはやめようということです。

我が家では、私が家に帰ると知らない家財道具が増えていることがあります。妻が買ってきたものです。結婚当初、妻は私に買うかどうか全部相談していたのですが、私に判断させてしまうと「全部いらないと思う」という結論にしかならないんですね。

妻はこれが家にあったら楽しいな、とか豊かな気持ちになるな、と思ったから私に提案するわけですが、私が全部「いらない」と冷水をぶっかけてしまうと、妻は悲しい気持ちになるでしょう。だからもういちいち相談せずに、自由にやってもらっています。あとあとになって「あれ、結局使わないいじゃない」みたいなのもよくない。家庭は上場企業でもないし税務署でもありません。1円単位で帳尻が合っていなければいけない理由なんてないのです。ニコニコが一番です。

感情のコントロールは難しいが行動はコントロールできる

家庭でも仕事の上でも、あらゆる場面において、「なんで報告しないんだ！」と言う人が見られますが、おおむね報告するとその人の機嫌が悪くなってこちらも不愉快になる、という傾向が存在するように思います。

テストの点数が80点で褒められるなら親に報告しますが、怒られるなら言わないですよね。本心ではどう思っていてもいいのですが、まず第一声から怒られるのは著しく気持ちが萎えるものです。また怒られるよなあ、と思っていたら家に帰るのがイヤになり、家に帰るのがイヤになったら日々の生活から笑顔が消え、結果家族の仲が悪くなってしまいます。

人間は、感情をコントロールすることは難しいですが、行動をコントロールすることはできます。そして、本当のところどう思っているかは誰にもわからず、表情も含めて、行動に表れたものだけが伝わります。

相手がイライラしているときに「そんなイライラしないでよ！」と応戦してしまうと戦争が始まりますが、「まあちょっと落ち着いてよ」とお茶をスッと出してあげると、振り上げた拳を下ろすタイミングを作ることができます。

二人で一緒にテンパったり、二人で一緒にイライラしたりせず、一方が冷静でいることで判断力を取り戻せる。これも結婚の大きなメリットのひとつです。

結婚しても自由は奪われない

結婚すると、個人の自由が大きく奪われるから結婚をためらう、という人も多いようですが、こんな感じでやってみると、結婚したところで、耐えられないほどに自由は奪われないと思うんですよね、もちろん感じ方は人それぞれですが。

要するに「自分がその生活を楽しめないから」イヤだと思うのであって、家庭生活が楽しければそんなにストレスはかからないと思います。

とすると、やはり結局のところ、「夫婦の最終目的は、二人が機嫌よく暮らして家庭をやっていくことである」ということを見失わずにいられるか、というところに帰結します。

本当は、みんな最初はそう思っていたはずなんですよね。そして、その最終目的を達成する手段として大目的、中目的、小目的を設定していたはずなのですが、いつの間にか中目的や小目的を達成することに縛られて、なんだかイライラしながら毎日を過ごすようでは本末転倒なのです。

仕事だって、働いて人生を充実させるためにやっているはずなのに、いつの間にか仕事をこなすことが目標になっていって、プライベートが侵食されて、人生がつまらなくなってしまっては何の意味もありません。

日々お互い機嫌よく暮らせるように笑顔でやっていきましょう。

相手の不義理は愛情貯金のチャンス

またまた登場です。てんつまです。

私の裏技をひとつ紹介したいと思います。

「愛情貯金」です。


たとえばデートの約束をしていたのにうっかり夫がそこに仕事を入れてしまったとします。当然私は悲しいです。

ただ、そこで怒りをぶつけてもいいことはあまりないんですよね。怒りをぶつけたら仕事の予定が覆るかというと、覆らないので。

こういうとき、私はニコニコして夫を送り出します。

そして、帰ってくるのを見計らって、何なら夫の好物の料理でも作って待っています。

夫からすれば、私が不機嫌なんじゃないかと思って帰ってきたらむしろ優しくしてくれるので、若干不気味かもしれません。

そうすると、だいたいあとで、デートの約束を1回すっぽかしたよりもいいものになって返ってきます。

これが「愛情貯金」です。

普段相手に優しくするよりも（私は普段から優しいですよ！）、不義理をされたときのほうが利子が高いのです。そこで、ここぞとばかりに愛情を注ぐと、あとで利子込みで返ってくるのです。

デートの約束をしてるのに夫が起きない、なんてことは我が家では日常茶飯事ですが、そこで「起きて！」と大声を出すより「コーヒー入ったよ～」とか「お菓子あるよ～」とか言ったほうがスッと起きてきます。

そして、デートのお昼ご飯がちょっといいランチになったりします。

感情をぶつけることが目的ではなくて、結果どうなったら満足なのか、と考えるとずいぶん楽になります。

この裏技が夫にバレたらまずいんじゃないかと思う人、夫はたぶんこんなことは百も承知ですし、これを知ったからといってデートをすっぽかさなくなったり、ちゃんと早起きしたりできる夫ではなく、お互いトクしているので何の問題もありません！

セックスを再定義しよう

夫婦間で仲良く、という話をするなら、セックスの話は避けて通れません。私はセックスの話を他人に聞こえるようにすることは非常にはしたないことだと考えており、ふだん性的なことについて語ることはまずないのですが、語れる範囲で語っていきたいと思います。

そもそも、皆さんは「セックス」をどういうものだと考えているでしょうか。もっとも狭義の意味においては、セックスとは男女間で行われる膣性交のことです。陰茎を膣内に挿入する行為ですね。その行為によって男性の射精をひきおこし、放出された精子が女性の卵子と受精すれば、妊娠に至ることもあります。

ところが、セックスを広義に捉えますと、どこまでを「セックス」と定義するかは非常に難しいんですね。

デジタル大辞泉で「セックス」を引くと、「性の交わりを求める欲望。性愛。また、性交。」と出ます。

必ずしも性交そのもの（しかも、膣性交）だけに限らず、性の交わりを求める欲望や、性愛（デジタル大辞泉によれば、「性本能に基づく愛欲。」）も「セックス」に含まれるといいます。平凡社の世界大百科事典によれば、「性交も含め、男女の性の行為が〈性行為 sexual act〉であり、さらに拡大して性に関する行動を総称したものが〈性行動 sexual behavior〉である。」そうです。

２０１７年に、従来の強姦罪にかわって設けられた強制性交等罪の構成要件に口腔性交や肛門性交も含まれ、また行為者も対象も性別が限定されなくなったことに鑑みると、「男女の性の行為が〈性行為〉である」という定義は少し雑な気がしますが、そのあたりも踏まえた上でざっくり定義すると、「愛欲をもとに性交などを行うことが性行為である」と考えてよいでしょう。

欲望そのものをセックスと呼ぶと話がややこしくなるので、ここでは、セックスとは「性行為」を指すことにします。

セックスレスはれっきとした離婚事由

さて、夫婦間の悩みとしてセックスレスであるとか、セックスの相性が合わない、といったものがあります。

ご存じの方も多いと思いますが、性的不調和は民法770条1項に定められている「離婚の訴えを提起することができる」理由のうちのひとつ、「その他婚姻を継続し難い重大な事由」にあたり、よく離婚原因となる性的不調和としては「セックスレス（性交渉拒否）」「性交不能」「性的異常」などがあります。前のほうで述べた離婚事由の順位でも、性的不調和は夫→妻で5位、妻→夫で8位に入っています。

セックスレスには実は「日本性科学会」という団体によるちゃんとした定義がありまして、「特段の事情がないのにカップルの間で1ヶ月以上性交渉がない状態」とされています。

ただ、当然ですが夫婦どちらとも性交渉がなくても満足しているのであればそれはセックスレスとは呼ばず（正確には、セックスレスではあるかもしれないが問題とされない）、どちらかが不満を持っている状態だからこそ「不調和」になるわけですよね。

この定義における「性交渉（＝性行為）」は、「狭義のセックス＝挿入行為＝性交」でなければならないのかというと、そんなことはないはずです。先ほど述べたように、性行為とは「愛欲をもとに性交などの行為を行うこと」だからです。挿入行為をふくむ性交はあくまでセックスの種類のひとつであって、挿入、射精現象を伴わないとセックスではない、と言ってしまうと話が雑になってしまいます。

夫婦間のスキンシップはすべてセックス

もっと言えば、私は、セックスを何か特別なものとして切り取って考えること自体違うのではないか、と思いますね。セックスは夫婦間のスキンシップの延長線上にあるのであって、どこからがセックスかという境界線を引くことは難しいからです。

むしろ「愛欲をもとに行われる行為」ならば、手をつなぐ、でも、ソファで隣に座って肩を揉んであげる、でもよいわけでして、夫婦のスキンシップ、つまり「慈しみ合ってお互いの心が満たされること」こそがセックスなのではないでしょうか。

すなわち、他の人には見せない夫婦間のスキンシップはすべてセックスの一種と呼んでよいと思います。

性的な興奮、つまり愛欲をどの程度覚えるか、あるいは身体的にどういった反応が出るかは年齢や健康状態によって変わりますが、夫婦の慈しみ合いには年齢も何も関係ないはずです。

老夫婦が縁側でお茶を飲みながら、ニコニコして梅の花がほころんだ話をしている、という状況は、お互いを慈しみ合っているという意味で立派なセックスですよね。

逆に月1回というペースをキッチリ守って挿入行為をしているとしても、射精してすぐに背中を向けてラーメンを食べ始めるのが良いセックスかといえば、おそらくそうではないでしょう。

私の友人にセックスマニアを自称する人がいるのですが、この人に言わせると、テクニック云々ではなく、「不快なことがひとつもないセックスができるのは2割」だそうです。

ここでの「セックス」は出会った瞬間の雰囲気から話し方、手のつなぎ方、キスの仕方、相手の慈しみ方、そして「この相手は自分とのセックスについてベラベラ他人に話して回らないという安心感」などもすべて含むといいます。

この考え方によれば、出会った瞬間からセックスは始まっている、とも言うことができます。私が結婚相手にふさわしい条件として「なんとなく好み、安心できる」という直感を挙げたのと似たような話ですよね。

なんとなれば、先述のとおり、夫婦二人が家の中で過ごす、他人には見せない時間はすべてセックスの一種だからです。そして、相手を好ましくも思わず、スキンシップも取れないようになってしまっては関係がうまくいっていないということになります。

実際にどういう過ごし方をするかはそれぞれの夫婦が決めることですので、お互いが満たされるのであれば何でもよいと思います。

前の章で書いたことがここにも応用できますが、「相手のことを思いやり、可能な限り大切にする」ということと、「とくに断る合理的な理由がないのであれば、相手の要望には応えておいたほうがうまくいく」という話です。

できないならばできないなりになんとかやっていく、というのも同じです。それから相手が不快にならないようにできるだけのことはしたほうがいいですね。歯を磨く、とか、爪を整えておく、などです。セックスでも家庭運営でも、できるだけコミュニケーションを取り、相手のことを愛しているということを態度で示したほうがいい、というのは同じことです。

第6章

パパ友ママ友は友ではない

子育てはできるだけ手を抜こう

子育てというのは大変なものです。生まれ落ちたばかりの、何も知らず、何もできない、人間になりたての何かを大きくなるまで見守らなければいけないのですから、間違いなく大変です。

子育てに悩んでいるパパママの皆さんは多いと思います。大変ですよね。我が家にも乳幼児が二人おりますのでわかります。子どもが100人いれば100人なりの違いがあり、あっちでうまくいったという話を試してみても自分の子ではうまくいかなかったり、やれこんなミルクがいい、それこんな離乳食がいいと聞けば一生懸命それを作ってあげたり。

さぞやお疲れのことと思います。我が家では基本的に妻がメインで育児をしてくれています。私も子育てにおいてできるだけ妻をサポートしようとしていますが、それで本当に妻のしんどさに寄り添えているかというと、本当のところはわかりません。

ですので、この章は私だけのエゴにならないよう、妻にも話を聞きながら書いています。

妻は、子育てをするにあたってはできるだけ手を抜くことを覚えたほうがいい、と言います。先述の「誰も困っていないことに家庭内ルールを設ける必要はない」という話と似ているのですが、子どもに対してより良いものを与え、より良い環境で育てたいと思うのは親の心理です。

ただ、それによって親が疲弊してしまうと、結果的に子どもに与えられるものは少なくなってしまうのではないでしょうか。

子育てはこだわればこだわるほど疲労困憊《こんぱい》する

いまから極端な例を挙げます。

子どものための「究極の離乳食（実在するかどうかは知りません）」がある。味も栄養も食感も完璧だ。ただそれを作るのには下ごしらえしたり煮詰めたり冷やしたりで数時間かかる。パパの手助けも限られている。でも子どもには「究極の離乳食」を食べさせてあげたい。

しかし他の家事もしなければならない。必然的に睡眠時間は減る。それでも何とかして毎日「究極の離乳食」を作って食べさせてあげている。そんなある日、子どもがなぜか泣き出した。何をやっても泣き止んでくれない。疲労困憊のママは、つい大きな声を出して、赤ちゃんに手が出てしまった……。

親の心理として、辛かったのだろう、と理解はできます。ただ、こうなってしまうと本末転倒ですよね。子どものためを思ってやっていたはずのことなのに、結果的に子どもに手を上げてしまっている。誰のためにもなっていないわけです。

手を上げるまではいかずとも、思わず大声を出しそうになるところをグッとこらえた、ぐらいまで条件を下げると、心当たりのあるパパママはかなりいると思います。それだけ子育てというのは疲弊するものだということでもあるのですが、おそらくこの「究極の離乳食」にこだわらなければここまでのことにはならなかったのではないでしょうか。

積極的にベビーフードを活用しよう

食べ物でいうならば、いまはベビーフードのいいものがたくさん出ていますね。値段も昔よりはずいぶん安くなっています。

各メーカーは万々が一にも事故が起きないように、医師や管理栄養士の指導のもと、栄養や成分に万全の注意を払い、おいしく安全なものを作っています。

これと同じ条件のものを、毎食毎食手作りしようとすると、それはそれは大変な手間になりますよね。そもそも手作りできるのか、という問題もあります。

成人用の食品の中で乳児に害のないものを探すところから始めなければいけないわけですから、とんでもない作業量になってしまいます。結果としてコスト高になるかもしれません。

私はそれができるからやるんだ、という人はそれでも構いませんが、とにかくベビーフードに頼るのは悪、ママの手作りが一番、みたいな価値観は謎でしかありませんし、多くのパパママを苦しめるものだと思います。

むしろ積極的にベビーフードを活用して時間を短縮して、一息つく時間を作り、子どもにはいつも笑顔で接していたほうがよほど教育には良いのではないでしょうか。

完璧な親であろうとすることをやめよう

これは子育てのすべての局面で応用できる話だと思っております。親は常に完璧であらねばならない、というのがそもそも幻想でして、だいたいあなたは親になる前、そんなに完璧な人間でしたか？ということですよね。

親になる前に完璧な人間ではなかったのに、親になったとたん急に完璧な人間にはなれないですし、当然完璧な親にもなれるわけがないのです。

完璧でない親が完璧な親を目指すと疲れますし、完璧でない親が疲れてしまった状態で子どもに接してもいいことはありません。

解決策は簡単です。完璧な親であろうとすることをやめましょう。

子育てに対してこんなに意識が高くなかった時代から人間は子育てを行い、繁栄してきたのです。「親とはそもそも不完全なものである」ということを認識しておくのは親自身を救うことにもなりますし、子どもにもそれをできるだけ早い段階からわかってもらっておいたほうが良いと思います。

そんなことはみんなわかっているんだよ、という方もいらっしゃるでしょうが、「自分は完璧な親ではなく、完璧な親であろうとしなくてもよい」と声に出してみたら、ひょっとして少し気持ちが楽になるパパママがいるのではないかと思って書いています。

「親であることをやめる時間」も必要

夫や妻も親である前に人間ですので、「親であることをやめる時間」も必要です。たまにはパパママどっちかに任せて、または実家が近ければ実家に預けて、あるいはベビーシッターを頼んで、自由な時間を持ちましょう。

「働き方改革」をやるのであれば、家庭にも「育て方改革」があっていいはずです。残業時間を減らしましょう、有給休暇を取りましょう、というのなら「親としての業務効率化」を図り「親としての有給」を取りましょう。

「今日はママはお休みです！」と宣言してしまえばいいのです。そしてその時間は子どものことは考えず、美容室に行くもよし、映画に行くもよし、友達とランチをするもよし、何だかわからないけど遠くへ行って海を眺めるもよし、上手にリフレッシュしましょう。

仕事が休めるのに、子育てや家庭生活が休めないのはおかしいのです。ずっと親としての責務を放り投げて、それが子どもの健康や安全に影響するようなことが起こってはよくないですが、「子どもの安全をじゅうぶん担保した上で」、親が親であることをやめる時間を作る、というのはむしろ必要なことです。

ゆっくり休んで充電して、また子どもに笑顔で向き合ってあげましょう。

一緒に遊んでくれる子どもがいる友人夫妻や、パパ友ママ友の間で交替して子どもを預け合う、というのもひとつの手段です。

友人夫妻とパパ友ママ友の定義の違いですが、友人夫妻は子どもがいるいないに関係なく「もともと友達同士である」ということです。

一方、パパ友ママ友は「あるコミュニティ内で近くに存在する、子どもを持つ親同士である」ということです。たとえば「みどり公園でよく会うパパ」とか、「なかよし幼稚園さくら組の何とかちゃんのママ」などです。

この二つの関係性はまったく違うものでして、混同するととんでもない事態を引き起こすことがありますので、峻別して考える必要があります。

パパ友ママ友は弁護士会とか税理士会のようなもの

パパ友ママ友との付き合い方に困っている、という話はよく聞きます。その原因はだいたい、どちらかが「友人夫妻」と「パパ友ママ友」の線引きを間違えていることから起こります。これはたいへん大きな問題ですし、今後おそらくますます拡大していく問題だと思われますので、詳しく書いておきます。

仲のいい友人夫妻同士でお互いのことを深く知っていれば、それぞれの生活や好みや禁忌などがわかっていますので、そんなに問題にはなりません。「困ったら頼ってね」と言われたら頼ればいいですし、逆に向こうの子どもを預かるなどもして、家族ぐるみの付き合いというものができます。これについてはあとで詳しく述べます。

一方、パパ友ママ友には、「あるコミュニティ内で近くに存在する」という以外の共通点がありません。「ただ〇〇ちゃんのパパ、ママ」としてのみ関係性が存在します。

パパ友ママ友は弁護士会とか税理士会のようなものです。つまり「弁護士である」という共通点はありますが、その他は年齢、性別、住所、宗教、思想、信条などなど何もかもが違います。しかし、弁護士である以上は強制的に加入しなければならないコミュニティです。

パパ友ママ友もこれと同じで、年齢、性別、宗教、思想、信条はもちろん、弁護士会ではないので職業も収入も、もっと言えば人種や国籍も違う可能性があります。しかし縁あって子どもが同世代で同じコミュニティにいる。それだけです。つまり、何ひとつ予断をもって接してはならないということです。

公園で会うパパ友ママ友だと、一番いいのはニコニコして挨拶するだけです。何か話しかけられたら、およそ考え得る中で一番当たり障りのない答えを返してください。ただひたすら感じのいい人に徹しましょう。それ以上仲良くなることが悪いとはいえませんが、リスキーであることは覚悟しておきましょう。

なにせ相手は近所に住んでいる人ですので、何か重大なトラブルが起こってしまったら引っ越さなければならないというような話になります。

安易に子どもの頭をなでてはいけない

基本的に親の許可なく、こちらから子どもに身体的な接触をしてはいけません。いきなり頭をなでるなんてとんでもない。

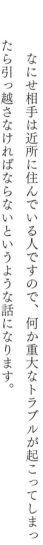

たとえばインドやネパールでは子どもの頭には神が宿るとされており、頭を触るのは強いタブーです。タイもよくこの例に出されますが、タイ国政府観光庁の公式サイトには「小さい子どもの頭をなでるのはＯＫ」と書いてあります。

日本にもどんどん外国にルーツを持つ人が増えている中、各国ごとの細かいルールをすべて覚えるわけにもいきませんし、「ここは日本だ」で押し通すのも野蛮な話です。そもそも日本人であっても、他人に許可なく自分の子に接触されるのは嫌だという親御さんも多いでしょう。

また、一見問題なさそうな、たわいのない雑談なら何でもいいかというとそうでもありません。

たとえば中国の人の配偶者の容姿を褒めるのはタブーだといわれています。中国の人には「異性の容姿を褒める＝恋愛対象として捉えている」と発想する傾向があるそうで、たとえば「この人、うちの奥さんを寝取るんじゃなかろうか」と思われて警戒されてしまう、ということのようです。

「この国の人は」でくくるのは雑ですが、世界にはいろんな人がいて、日本にもいろんな人がいる、ということです。

相手のことを、もっと言えばあらゆるものを否定、批判しない。これは鉄則です。だからといって先ほど挙げたように、無邪気に褒めるのも危ない。つまり、プラスにもマイナスにも絶対に深入りしない、ということです。

迂闊《うかつ》に何かについてコメントしたら、あなたが知らないだけで、相手がそれに深く関わっている人だということもあり得るわけです。

たとえば「○○区って本当に福祉が弱いわよね」という話をしたら、相手が区の福祉に携わっている人だったりしますし、「昨日ニュースでやってた○○会社の不祥事、どう思う？」と聞いた相手が○○会社の社員だったりする可能性もあるわけです。

だからといって「何をなさってるんですか？」と聞くのも危ないですよね。どこに地雷があるかわかりません。ニコニコして挨拶しているぐらいで必要十分なのです。

パパ友ママ友が集まると、「じゃあ子どもを連れてランチでも……」みたいな話になるかもしれませんが、これだって相当慎重にやる必要があります。

「何月何日、何を食べる会があるから都合の良い人はどうぞ来てください」という誘い方ならアリですが、その場のノリで行こうよ、と誘ってしまうと、内心困ってしまうパパママがいるかもしれません。食べられないものがあるかもしれないし、その日の晩ご飯の予定が狂ってしまうかもしれない。

人にはそれぞれ事情がありますので、来ない人を悪く言うなどは絶対にダメです。

パパ友ママ友とは全体の利益になる話しかしてはいけない

また、かりにいわゆるパパ友ママ友より仲良くなったとして、そこから先の付き合い方も難しい。

いくらお土産を持って行くというような良い動機があったとしても、アポもなくいきなり家にピンポンするのは、その家の生活習慣などを知らない場合には基本的に避けたほうがいいでしょう。

相手が家の中でどういう生活をしているかは知り得ないわけですから、その時間は寝ているかもしれないし、何か他人に見せることではないことをしているかもしれないわけです。およそもっとも不快にさせてはいけないのがパパ友ママ友という存在ですので、細心の注意を払いましょう。

幼稚園や保育園、学校のパパ友ママ友でもこれは同じです。たまたま子どもが同じクラスになったという以外に何の共通点もないのですから、それ以上に何ひとつ強制されることがあってはいけません。

参加自体を強制されているのですから、それ以上に強制されると人は強いストレスを感じます。好きなもの同士でママ友カフェ部とかを作るのは構いませんが、それも強制参加の空気になるのはいけません。

ましてやそこにいない人の陰口を言ったり、実生活、とくに子どもに影響を及ぼしたりなどは論外です。

ママ友パパ友で許される会話内容は、「(その場にいない人も含めて)ママ友パパ友コミュニティの全体利益になること」のみです。それ以外は口にしないほうがいい。ダンナの悪口に花を咲かせて盛り上がる、なんてこともあるでしょうが、ニコニコしながら適当に相槌を打っていましょう。

よく見ていると、うまい人は本当に巧妙に身内の悪口を言うのを避けています。

「身内下げ文化」ほど低俗なものはない

話は少しそれますが、私はこの「身内下げ文化」は本当に低俗なのでいますぐやめるべきだと思います。

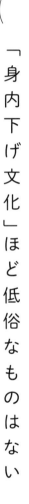

ウチのダメ夫が、愚妻が、イヤな姑が、バカ息子が。これ、本人がいない前で言うのも卑怯ですが、ひどいのになると本人がその場にいるのに言うことがありますよね。奥さんが友達と夫のぶんのお茶を淹《い》れているその横で「ウチの嫁が本当にバカだからさ……」みたいなのです。あれ、本当に誰が得してるんでしょうか。相手が仕方なく「いやいや、いい奥さんじゃないの」と言ってくれてチャラになるとでも思っているのでしょうか。

たとえば子どもが何か迷惑をかけたときに「うちのバカ息子がすみません、キツく叱っておきますので、平にご容赦を」、これはいいと思います。謝罪というキッチリとした目的がありますし、家に帰ってちゃんと子どもを叱ったあとに「さっきはバカって言ってごめんな、でもああやってお前のことを言わないと収まらなかったんだ、あんなことはもう言いたくないからもう人に迷惑をかけるのはやめような」という形にすればダメージはない。

しかし子どもが、行きたくもない親戚の集まりに連れて行かれて「あなたのところの何とかちゃんはいいわよね、勉強もできるしかわいらしいし。それに比べてウチの○○は……」なんてイトコを引き合いに出されてディスられたりした日には、もう二度と親戚の集まりなんか行くもんか、となりますよね。

親戚の前で親にディスられたのがトラウマになっている、という話はけっこう聞きます。

子どもも配偶者もあなたとは別の人格ですので、手っ取り早くウケを取ろうとして、スナック感覚でイジると本人は深く傷つきます。あなたがバカであることを晒《さら》すのはあなたの勝手ですが、あなたがバカなせいで配偶者や子どもが傷つく道理はありません。

本当に配偶者や子どもや舅姑に対して重大な悩みを抱えているのなら、両親なり、信頼できる友達なりに直接、本人に聞こえないように相談しましょう。

ただ薄っぺらな連帯感を持ちたいだけの、奥さんの愚痴言い合い大喜利や旦那下げ井戸端会議には、できれば参加しないか、仕方なくその場にいてものらりくらりと当たり障りのないことを言ってかわしましょう。

そして、そういうことを言う人のことはちゃんと見ておきましょうね、あなたがいないときに、あなたが陰口を言われている可能性もあるのですから。

子どもを預かるときの重要ポイントとは

話を元に戻します。パパ友ママ友のことです。積極的に子どもを預けたり預かったりしていなくても、子どもが「○○ちゃんちに遊びにおいでって言われた」ということがありますし、逆に「ねーねー、○○ちゃんとおうちで遊んでもいい？」ということもあるわけです。

先述のように、人の子どもを預かることにはものすごく慎重にならなければいけません。アレルギー、文化、背景、人種、宗教、思想、信条など、配慮しなければいけない問題は山ほどあります。

だからといって、他人の子どもを預かれない社会というのも、それはそれで非常に不健全です。他人の子どもを預かれる社会と預かれない社会ならば、どう考えても絶対に預かれる社会のほうが良いわけで、もしそういうことになったら、できる範囲で心づくしのもてなしをしてあげたいところです。

人の子どもを預かるときに聞いておかなければいけないポイントは「何を食べさせたらよいか（何を食べさせてはいけないか）」「何をしたら叱るべきか、叱ってよいか」の二つです。

逆にこれ以上は聞いてはいけません。相手の家庭の事情に立ち入ることになるからです。

違う文化をもつ外国とも交易を行って相互の利益を増やすことはできますし、友達の家で遊ぶことで子どもは大きな学びを得ることもあります。内政干渉にならないように、最大限の配慮と敬意をもって、地域社会として積極的に他人の子どもと関わっていきましょう。

私が「組体操違法論」に同意する理由

その他、パパ友ママ友で問題になりがちなのは、いわゆるＰＴＡ的な仕事です。幼稚園や保育園でも、かりにＰＴＡという名前はついていなくても、それに類するものはありますよね。ＰＴＡへの加入は強制ではありませんが、入らない、という意志を表明するにはかなりの勇気がいります。そしていったん入ったが最後、よくわからない雑務が山のように降ってくる、といいます。

これ、いったい何なんでしょうか。強制力はないはずなのですが、事実上の強制。ＰＴＡに入らなかったり、ＰＴＡを抜けたりした親子が不利益を被ることがあるとも聞きます。

憲法学者の木村草太先生が提唱している、「組体操違法論」というものがあります。この議論は小学校の道徳教育教本を題材に始まったものですが、道徳の部分は省いて説明します。

学校で行われる組体操では、しばしばケガ人が出ますね。組体操はなぜ、何を根拠に行われるかというと、学校における体育の授業なり、運動会なりのカリキュラムの一環としてやっているわけです。つまり、学校というひとつの組織の中の規範に則って行われている。

ところが、その組織内規範において、組体操で事故が起こった場合の責任の所在や、ケガをした場合の対処法などは何ひとつ規定されていないんですね。

組体操の、とくに「ピラミッド」や「タワー」はひとりがバランスを崩しただけで何人もが骨折などの大ケガをするような、きわめて危険な技です。

日本スポーツ振興センターの公表したデータによれば、組体操では１９６９年度から2015年度の46年間で、9人が死亡、92人に障害が残る事故が発生しています。

こんな危ないことをやらせているのですから、当然法律上は学校に安全配慮義務が発生しますし、その義務を怠って事故が起これば、学校が刑事・民事ともに責任を追及されるはずです。

ところが、スポーツ庁や各自治体（自治体によっては組体操を禁止しているところもあります）が注意喚起をしているにもかかわらず、いまだに組体操は（さすがに減りこそすれ）なくなってはいないし、組体操による事故で学校なり指導者が刑事罰を受けたという話は寡聞にして知りません（損害賠償請求を受けた例は近年になって散見されるようになりました）。

つまり学校という組織の内部規範が、完全に法律に優越してしまっているのです。

しかも、組体操への参加は強制で、子どもが拒否できるものではありません。学校が子どもに強制できる教育内容には、強制できる（拒否する自由を制限する）ほどの普遍的な価値をもち、かつその弊害が必要最小限度である「比例原則」が要求されるべきなのですが、死の危険をも正当化できるほどの普遍的価値が組体操に存在するとは思えません。

したがって、法律に優越した内部規範によって、妥当性のない組体操を子どもに強制するのは違法である、と木村先生は説きます。

逆に言えば、強制参加させられるものは法の支配によって秩序が保たれるべきなのです。妥当性のない内部規範が法に優越してしまうと、俺に逆らったからリンチとか、お前気に入らないからクビとか、何でも可能になってしまいます。

ＰＴＡ強制参加問題

私はこの「組体操違法論」に完全に同意します。そして、似たようなことがＰＴＡにもいえると思います。ＰＴＡは任意参加ということになっていますが、事実上の強制参加に近い。

ところがＰＴＡを引き受けるにあたって、雇用契約も請負契約も結ばないですよね。ということは労働基準法も適用されません。つまり、事実上内部規範が法に優越してしまっているのです。

私が前著で書いた「正しいやりがい搾取」は、楽しくてストレスにならないことなら給料が安くてもやる人はたくさんいる、という話なのですが、ＰＴＡの活動は楽しくもないしストレスだらけなので、現になり手がなくて困っている。

持ち回りで押し付け合ってイヤイヤながらやり、さまざまな事情で参加できない親には白い眼を向ける。白い眼が親に向けられるだけならまだ我慢できますが、子どもに累が及ぶとなれば、これはたまったものではありません。

全員イヤイヤやっているということは前提の上で、それでもＰＴＡに参加できない人、ましてやその子どもがいじめられたり、不利益を被ったりすることがあってはいけません。そして、なぜ参加できないのかを聞いてもいけません。何度も言いますが人にはそれぞれ事情があります。

SNSで気軽にSOSを発信しよう

なぜパパ友ママ友に深入りした話をしてはいけないのか。繰り返しますが、世の中にはいろいろな人がいるからです。

故あって、家族ごと昔住んでいた土地から逃れてきた人もいるかもしれない、あまり言いたくない職業に就いている人もいるかもしれない、ひょっとしたらとんでもない大金持ちや大社長なのかもしれない、大きな罪を犯してそれを償った人もいるかもしれない。

そんな人たちが「同年代の子どもがいる」というくくりだけで、パパ友ママ友としてそこにいるのです。

そして、親が何であろうとその子どもたちはみな平等な立場ですので、親の因果を子に〝報わせ〟てはならないのです。かりに個人的な事情を聞いてしまったら親の目に曇りが出ますよね。親の偏見を子どもに持ち越してはいけません。

だから向こうがすすんでする話以外は聞いてはいけないし、何も否定してはいけないのです。

敢《あ》えて言うなら、SNSのアカウントは聞いてもいいかもしれません。たとえば「Twitterやってる？」とか。かりに持っていても教えたくない人は教えないだろうし、ひょっとしたらいくつかアカウントを持っていて、その中でこの人にこのアカウントなら教えてもいいな、というものがあれば教えてくれるかもしれません。どこまで個人情報を出すかは発信する側が決められるわけですから、「ある？」と聞くぶんには構わないと思います。無理やり聞いてはダメですが。

SNSでパパ友ママ友がつながっているといいのは、「この人疲れてるな」というのがわかることです。何かできることがあるようなら手伝いに行ってあげましょう。反対に自分が辛いときには気軽にSOSを発信することもできます。いい「お互い様」の関係を築くことができます。

「しょぼいホームパーティ」のすすめ

私が最近やっていることで「これはいいいな」と思っているのはホームパーティです。私はこのところ、子どものいる人もいない人も、とにかく仲のいい人を家に招きまくっております。

子どものいる人を呼ぶと良いのは、ひとりで一人の子どもを見るより、たとえば三人で四人の子どもを見るほうがはるかに楽だからです。子ども同士が遊んでくれることもありますし、親が何人もいることによって、誰かひとりが見てさえいれば他の人は別の用事をすることもできるわけです。

一方子どもがいない人を呼ぶ理由ですが、子育てをずっとやり続けることは大変であっても、それが何時間かなら娯楽になり得るんですよね。

私が作ったイベントバーは、毎日違った人が自分なりのイベント企画を持ち込み、宣伝し、その人ならではのやり方で一日バーテンをやる形をとっているのですが、これと基本的な考え方は同じです。職業バーテンとして毎日カウンターに立つのは大変ですが、一日なら試しにやってみたいという人はたくさんいます。

もちろん、家に招く側である我々夫婦は、お茶やお菓子や、食事などをごちそうします。夫婦二人の食事を作るなら、5人前の食事を作っても手間は5倍かからないし、材料費も5倍はかからない、ということは、前著『しょぼい起業で生きていく』において「生活の資本化」という形で説明しましたが、これと同じ考え方です。

来てくれた人は食費が浮きますし、我が家の息子や娘と遊んでくれて楽しかった、なんて言ってくれます。我々はもちろん子どもの面倒を見てもらっているのでありがたい。大々的に気合を入れて開くホームパーティではなく、本当に気が向いた人がちょこちょこ来てくれて、子どもと遊んでくれるといった感じの、いわば「しょぼいホームパーティ」です。これはオススメです。

「しょぼい育児ネットワーク」とは

親が集まって複数人の子どもの面倒を一緒に見る、という考え方を発展させると、「しょぼい育児ネットワーク」ができます。

先述のとおり、ただ近所に住んでいるだけであるパパ友ママ友と関係性を深めるのは場合によってはリスキーなのですが、もともと仲がいい、子を持つ友達同士で集まると「しょぼい育児ネットワーク」になります。

お互い近所に住んでいればさらに望ましい。子どもが風邪を引いたときや、パパママ共に仕事が忙しくてちょっと面倒を見られない、というときなど、気軽にお互い融通をきかせることができます。いわゆる家族ぐるみの付き合いですよね。

位置づけとしては家庭と保育園のちょうど中間、ということになります。

そもそも子育て、保育というのは膨大な手間がかかるもので、これを一人ないし二人でやるのはかなり大変です。かといって完全に他人の手に任せるとなると当然そのぶんの人手が必要ですし、ということはお金も必要になります。

これらのことを踏まえた上で、どうやったら社会全体にかかる負担を軽くしつつ、明るく楽しい子育てができるか、と考えたときに、ホームパーティや「しょぼい育児ネットワーク」はひとつの解になり得るのではないかと考えます。

もちろん、プロの保育士さんや幼稚園の先生、ベビーシッターさんなどではないので、この関係性はお互いの善意や感謝、お礼のもとに成立するものです。

ちゃんとした権利義務関係にするのは行政なり商業の範疇であって、「しょぼい育児ネットワーク」にそのような感覚を持ち込むべきではありません。あくまで相互扶助の手段であることに注意しましょう。

「しょぼい書生制度」もいいぞ！

もうひとつ、ホームパーティに子どもがいない人に来てもらう、という考え方を少しひねって、「しょぼい書生制度」もいいなあ、と考えています。

一般的に書生というと、明治や大正の時代に勉学のために地方から都会に出てきた学生が、他人の家の一部を間借りして下宿するかわりに家業や家事、育児の手伝いをする、といったようなシステムを指します。

当時、都会に出てくる人が急増した割に、単身者向けの居住物件が少なかったのでこういうシステムがあったのです。

人の家の一部を間借りするタイプの下宿は、昭和の中期ごろまではふつうに存在していました。ドラマ『3年B組金八先生』の主人公、武田鉄矢さん演じる坂本金八も、独身の頃は雑貨屋さんに下宿していました。

時代が進むにつれ、だんだん大家さんと生活を共にする形から、居住スペースが完全に区切られる形（たとえば、1階に大家さんが住んでいる家の、完全に区切られている2階を貸したり、母屋に大家さんが住んで離れを貸し出したり）が多くなっていき、いまでは大家さんの顔も知らずに過ごす学生用マンションや学生用アパートが主流になっています。

ただ最近でも、お笑い芸人・カラテカの矢部太郎さんが手塚治虫文化賞を受賞した漫画『大家さんと僕』（新潮社）では、2階に住む矢部さんと1階に住む大家さんのおばあちゃんとの交流を描いており、決して大家さんと同じ建物に住むシステムがなくなったわけではありません。

そんな現代ですが、大昔のいわゆる書生制度を振り返ってみると、これがなかなか合理的なんですよね。

まず、似たような立地の単身用物件に比べて圧倒的に家賃や生活費が安い。プライベートな空間が存在しないと嫌だ、という人は多いですから、そのぶん需要が低く、必然的に家賃は安くなります。

そして、書生には食事を出してくれることが多い。これも、例によってひとり暮らしよりも食費は安く上がるでしょうし、何よりバランスの取れた食事を摂ることができます。体調を崩すようなことがあっても、家族同然に頼れますよね。

それから、ひとり暮らしだと近所の人達と交流することも少ないでしょうが、大家さんには近所付き合いがありますので、「○○さんとこに住んでるあの子」として地域の人達とも一足飛びに仲良くなれるというメリットがあります。

一方、貸主側のメリットとしては、家事や育児、商売をやっている人なら、その作業の手伝いもゆるく頼むことができます。

何より部屋が余っているなら貸してしまったほうがいいわけです（「資産の資本化」です）。書生というのは学生ですし、比較的時間も自由になるでしょうから、「ちょっと子どもを見ててくれない？」なんてこともできます。

時として書生は子どもの家庭教師にもなります。昔は書生を住まわせるのは上流階級の篤志家がやることでしたが、別に上流階級の専売特許ではないわけです。

貸すほう借りるほう、それぞれにちょっと上級者向けの感はありますが、たとえば親戚の子とか友人の子とかであれば信用度も上がります。「部屋が余っていたら書生に貸す」というのはひとつのオプションとして頭の片隅に入れておいてもいいかもしれません。

教育ママ・教育パパから素晴らしい能力の子どもは生まれない

さて、赤ん坊だった子どもはいずれ育ち、自我を持ってゆきます。再三述べているように夫婦はそれぞれ別の人間ですが、子どももまた親とは別の人間です。生まれた以上、子どもは自分の足で自分の一生を全うするしかありません。

「親という字は立つ木を見ると書く」といいますが、親は子どもという木が育っていくことをただ見守る以外のことはできないのです。

もちろん水や栄養を与えたり、周りの草をむしったりなどして環境を整えることはできますが、思いどおりの形に育てることは不可能です。早く育てようと思って引っ張ったりすると、地面から抜けて枯れてしまいます。

子どもに対して自分の理想を押しつけて教育ママ・教育パパになる。これは非常によくないですね。教育ママ・教育パパから素晴らしい能力の子どもは生まれない、という説を私はずっと唱えております。

なぜかと言いますと、子どもが親以上の能力をもつまでに育つのは、親以外の誰か、または親以上の高みに憧れ、そうなりたいと思って自ら努力したときだからです。親が押し付けたルートに子どもが唯々諾々と従っている間は、親が子どものコントローラーを持って操作しているということですので、親の想定を超えるようなことは起こらないのです。

教育ママが勉強しなさいとギャンギャン言うぐらいなら、博士を10人呼んできて面白い話をしてもらったほうがよほど子どもにとっては憧れになり、将来へのモチベーションになると思います。

子どもにとっての良き師匠とは

たびたび登場している内田樹先生は教育論もご専門ですが、『先生はえらい』という本には、「自動車教習所の教官とオリンピック出場経験のある体操の先生、前者に憧れて自動車教習所の教官を目指す子どもは見たことがないが、後者に憧れて体操選手を志す子どもは多い」と書いてあります。

その理由を要約しますと「教習所の教官はあくまで官吏であり、運転技能を教える技術の高みを目指していない、あくまで技能の認定者にすぎないが、体操の先生はかつて高みを目指し、今もまた高みを目指し続けている求道者だからである」ということです。

私はこれに大いに同意します。つまり「俺はまだ戦っている」という人のところにしか戦闘民族は集まらないし、「俺はまだ修行中である」という人のところにしか修行者は集まらないんですよね。

たとえば大学で何かに目覚めてその道へ進もうとしたときに、心の師匠に選ぶのは、みな現役で研究を続けたり技術を磨いたりして、向上心を持ち続けている人でしょう。

形式上の単位認定者を師匠に選ぶ人はあまりいないと思います。この場合の師匠は別にもう亡くなった人でもいいのですが、要するにその生き方、人生そのものを目標に定めて努力する人が伸びるのです。

教育ママ・教育パパから素晴らしい能力の子どもが生まれない理由はまさにこれで、教育ママ・教育パパはおおむね「〇〇大学に入る」とか「医学部に入る」とかをゴールに設定してしまっているわけです。

子どもがその途中で、たとえば「医者になって流行病の撲滅に一生を捧げたい、自分の心の師匠は野口英世だ」といったように、自発的にあふれ出た目標をうまくその先に設定できればいいのですが、ただ「親が言うから」という理由で勉強していた場合、いざ医学部に合格できた！という段階で困ってしまうわけです。

親の目標はそこで達成でしょうが、当の子どもは急に「やる理由」が途絶えてしまい、そこでゼロから医学部の中で「やる理由」を探し、師匠を探して設定しなければいけないわけです。

ひょっとして心の中ではすごく好きなサッカー選手がいて、サッカーをちゃんとやっていれば日本代表になれたかもしれないのに、なんだか親が言うから医学部に入ってしまった。これからさらに6年勉強して国試かあ。いやだなあ。こうなってしまうと「親のエゴで子どもの可能性を摘んでしまった」以外の何物でもなくなります。

「○○大学に入っておけば、そのあと本人が何になろうと思ってもたいていなれるから。選択肢は多いほうが」、はい、これは確率論としては正しいかもしれませんが、子育てにおいて確率論ほど無駄なものはありません。

子どもは職人になりたいかもしれないし、F1レーサーに憧れるかもしれないし、僧になりたいかもしれない。「○○大学に入ること」を目標に掲げてしまうと、本当の子どもの目標から遠くなってしまうこともあるし、もっといえば子どもが自分の本当の目標に気づかなくなる可能性すらあるのです。

「子どもが自身でやりたいことを見つけて、それを親が全力でサポートする」ならば良いのですが、この主客が逆転してしまうとダメなのです。

子どもを信じる親でいましょう

子どもの可能性を広げようという風潮は一見正論です。ただ、親が無理やり引っ張り回してもいいことはありません。

私の知り合いは、9歳の娘にとにかくいろいろなものを体験させようとして、やれピアノだ、やれ乗馬だと連れ回していたところ、ある日「それをやればパパは嬉しいんでしょ」と言われたそうです。こう言われてしまってはもう、親の自己満足でしかなかったと認めざるを得ないでしょう。

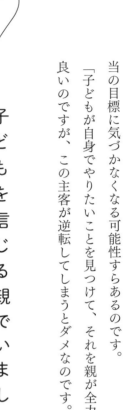

子どもの選択肢は勝手に広がります。親の想像する範囲のはるか外にまで広がります。「なんでそんなものに興味を持った」とか、「なんでそんな人に憧れた」などと親が口を挟みたくなるかもしれません。別に挟んでも構わないと思います。

ただし、子どもに何ひとつたりとも強制をすることはできません。繰り返しますが、親は子どもの世界の一隣人でしかないからです。隣人としてのアドバイス以上のことはできないのです。

たとえば子どもが突然、アフリカのザンビアへ旅に出て、そのまま帰ってこないかもしれません。しかし、親ができることは、遠い異国の空の下にいる我が子の無事を祈り、「あの子ならまあ何とかやっていくだろう」と自分たちで納得することのみです。

子どもを信じる親でいましょう。子どもが育っていくときに何かに萎縮しないように、親はいつもニコニコしていましょう。家族はいつもお互いのことを思いやりながら機嫌よくしていましょう。それが「家庭をやっていく」最大のコツだと思います。

私たち夫婦もまだ新米ですが、つねにそれを心に留めておきたいと思っています。

第7章

えらいてんちょう&てんつまの「しょぼ婚」Q&Aコーナー

Q1

30歳無職男性です。付き合っている人はいるのですが、私も相手も体が弱く、私は心の病を抱えて会社を辞めてしまい、相手もフルタイムでは働けない状況です。結婚、子育てするのは経済的に厳しいでしょうか。

A1

堂々と公的扶助を受け、結婚、子育てしていきましょう。（えらてん）

何の問題もありません。そういう人のために生活保護などの公的扶助が存在します。障害によって生活が困難になった人には障害年金という制度もあります。私は生活保護の受給申請の手伝いを昔も今もやっていますが、本当に困っている人は、申請の仕方さえ間違えなければ、生活保護の申請を断られるということはまずありません。

生活に困っていない人が生活保護を受給するのは問題でしょうが、本当に困っている人が受給できないのはなお問題です。

第3章にもありますが、生活保護は相当な贅沢をしなければちゃんと暮らしていけるだけの額がもらえます。医療費その他も無料になりますし、税金も減免されます。また、子どもが増えればそれだけ受給額も増えますので、生活保護をもらっているので子どもが育てられないということはまずありません。現在働いているけれども十分な額がもらえていないという人は、生活保護を差額だけ受給することも可能です。

生活保護をもらうのは恥だ、という考えの人もいるようですが、少子高齢化の世の中で、結婚して子どもを育てるということは、社会的に最も優先されるべきことのひとつです。

高収入な独身貴族は納税などで社会的責務を果たしていますが、収入がないなりに子どもを育てて次の世代につなぐというのは、独身貴族がやっていない社会的責務を果たしているということですから、何も恥じることはありません。みんながお互いに自分のできることで社会に貢献していけばよいのです。

それに、生活保護をもらったとしても消費税は払いますし、収入があったときには所得税を払っていたわけですよね。生活保護をはじめとするセーフティーネットは国が用意している一種の保険であり、その掛け金は払っているわけですから、ためらうことはないのです。

生まれた子どもが将来税金を払い、また次の世代を育てていくと考えれば、今すぐすすんで結婚したほうがいいと思いますね。

Q2

20代女性です。結婚どころか独身者が周りにおらず、異性と出会う機会がありません。

A2 「結婚したい」ということを周囲の人に宣言しましょう。（えらてん）

周囲にいる人だけを見るとそうなるかもしれませんが、周囲にいる既婚者には未婚の子どもや、未婚の親戚や、未婚の友達などがいます。いまのご時勢、むやみやたらに未婚の人に結婚相手を勧めることはできませんので、ひょっとしたら周りにも「あの子とこの人、合うと思うんだけどなあ」と思っているのに、あなたに言えていない可能性があります。

そういう人に「あ、この人は結婚をしたがっているんだな、誰かいい人がいたら紹介してもいいんだな」と認識してもらうことが近道です。これは職場に限らず、友人や先輩後輩、親戚、誰でもそうです。そもそも恋愛結婚にあらずんば結婚にあらず、みたいな空気になったのはここ数十年のことで、その前は人から紹介されて結婚するほうが多かったのです。

人の紹介というのは最強の縁ですので、基本的に乗っておきましょう。写真を見てピンとこなくても、とりあえず会ってみましょう。好みかどうかは顔写真だけではわかりません。顔写真ではわからなかった表情が素敵だと思ったとか、所作が美しいとか、声が良かったとか、何でも加算ポイントはあるものです。

ちなみに会ってみたら自分とは到底釣り合わないと思われる人がやってきた、失礼だ、と思った人、それが周りから見たあなたの客観的な評価です。紹介する人には自分の信用問題になりますので、到底釣り合わない人は絶対に紹介しません。相手の希望を下げるか、自分が希望するような相手に釣り合う人になるかです。

えっ、それでも誰からも紹介されない？　それは本当に誰もいないか、あなたが紹介に値する人ではないかのどちらかです。まず相手を紹介される人を目指しましょう。

いずれにせよ、「結婚したい」という意志を表明しなければ何も起こりません。シンデレラだって舞踏会に行かず、家で暖炉の掃除をしていては話が始まらないのです。

Q3

30代男性です。発達障害があり、生活に支障を来たしています。仕事は障害者雇用でフルタイムで働いています。結婚したいとは思っているのですが、結婚相手を見つけられるでしょうか。

A3

お互いの不完全さを許容できる人と結婚しましょう。ただし障害は相手に迷惑をかけてよい免罪符にはならないし、相手はあなたのお世話をするために結婚するのではないことを忘れずにいてほしいです。（てんつま）

発達障害に限らず、いろいろな持病や障害がある人もいます。そういう人はたしかに何もない人よりは相手を見つけづらいかもしれませんね。とはいえ、ひとりで生活するより二人で生活するほうが明らかに楽なのは、本文中にも書いてあるとおりです。

でも、相手に助けてもらうことを目的に結婚する、というのは良いことではありません。私も発達障害の診断を受けていますが、できるだけ夫に負担をかけないよう日々努力や工夫をしているつもりです。

「発達障害を免罪符にするな」と言う人がいます。私はこれは半分正しく、半分間違っていると思っています。つまり、「発達障害であることを理由に、自分を責めるのをやめる免罪符としては使ってよい。ただし、他人を困らせたときの免罪符として使ってはいけない」ということです。

たとえば遅刻をしたり、スマホや自転車の鍵を失くしてパニックになってしまったりしたとき、「私なんて何の価値もない人間だ、死んだほうがマシだ」と思う必要はありません。これは免罪符の良い使い方です。

でも、待ち合わせで遅刻をして相手に迷惑をかけたときに、「発達障害だから」というのは通用しません。なぜなら相手は「発達障害の人」と付き合っているのではなく、「あなたという個人」と付き合っているからです。

たとえ相手が遅刻を許してくれたとしても、それはあなたが発達障害だから許してくれたのではなく、あなたの普段の言動や相手にしてあげたことの貯金があるから許してくれるのです。

持病や障害がある人は、同じく持病や障害がある人と結婚するといいかもしれません。それは、お互いの苦しみが理解でき、助け合える関係が築きやすいからです。どちらかが一方的に負担をかけ続ける関係というのは、うまくいきにくいでしょう。

とはいえ、完璧な人などいませんし、まして「自分は完璧で、相手のすべてを世話してやっているんだ」という考え方の人が家庭生活を続けていくのは難しいでしょう。

当然、逆に、結婚する前から「結婚したら相手に全部許してもらおう」と考えている人は、結婚相手を見つけることすら難しいと思います。

目が悪い人はメガネをかけますし、歩けない人は車椅子に乗ります。それと同じように、発達障害の人も生活の困りごとに対して自分でできるだけの対策をすることが必要でしょう。

結局、お互い人間として不完全な存在であることを認め、それぞれ最大限の努力をしつつ、それでも足らない部分は二人で補い合って生きていこう、と思い、お互いに感謝し合える相手ならば、「健常者である」「障害者である」ということはあまり関係ないと思いますよ。

Q4

20代女性です。高収入な相手と結婚したいです。どうしたらよいでしょうか。

A4 高収入な相手を探すと高収入な相手とは結婚できません。（えらてん）

そもそも相手の収入だけ見て結婚しようというのが非常に不健全です。

最近私はお金持ちの人との付き合いが増えてきましたが、みなが一様に言うことは、「それだけの収入はあるので、相手をおんぶに抱っこで養うこと自体はまったくやぶさかでないが、おんぶに抱っこされたがるマインドの人とは結婚したくない」ということです。

「あなたはお金持ちですねえ」と言って寄ってくる人と結婚したいと思う人はいません。また、それを口に出さずとも態度に出せば同じことです。

聞いた話ですが、モデルさんや俳優さんは「美人ですね」とか「カッコイイですね」と普段から言われ慣れていますし、何なら子どものころから言われ続けているので、そのように褒められてもそんなに嬉しくないそうです。

それよりは、「あの映画のあの役が良かった」など、自分が頑張ってやった仕事を褒められるほうがずっと嬉しいのだとか。彼らが同業者同士で結婚することが多いのは、人間的な魅力があるのはもちろんですが、同業者ならではの辛さ苦しさ、それを乗り越えたときの喜びを共有できるからだそうです。

そりゃそうだろうと思いますね。

したがって、お金持ちと結婚したければお金持ちになりましょう。弁護士と結婚したければ弁護士になりましょう。

だいたいの話、結婚適齢期の収入なんて何のアテにもなりませんよ。

お金を持っている起業家、会社がつぶれたら一文無しどころか借金が残ります。大企業の社員、身体を壊して働けなくなったらどうしますか。

先祖代々の資産家、もうとっくに勝負にならないレベルの相手が決まっている可能性が高いです。少なくとも現在のタイミングで、お金持ちと結婚したーい、と言っているような人のところには残念ながら話はきません。

本当にお金持ちと結婚したい人は、子どものころからお金持ちと結婚することに特化して自分を磨いています。

ですから、いま現在の収入なんかよりは、その人が持っている本来の能力、それからお金の使い方、そういったことに目を向けるべきです。

能力が高い人はいったん失敗しても何やかんやで再生しますし、身体を壊しても他のことで稼ぎます。

お金の使い方は、いま現在どういう使い方をしているかというよりも、生活レベルを下げられるかが問題です。いざお金がなくなったら、夜8時半のスーパーに並んで、半額のお惣菜で満足できるか。ブランド物の服を売り払って、量販店のバーゲン品とか貰い物の服を着られるか。これで満足できる人はたいてい生活できます。

そして、あなたもそのつもりでいたほうがたぶん人生は幸せです。

自分は楽して贅沢したいという人は、楽して贅沢できません。そういうものです。

それでもどうしてもそういう相手と結婚したかったら、せめて楽して贅沢したいという気持ちを表に出さないようにしましょう。そして、いざ贅沢できなくなったときこそ、笑顔で相手を支えましょう。その覚悟がないのなら、ゆめゆめ楽して贅沢したいなどと思わないことです。

Q5

20代女性です。結婚したい相手がいますが、親に結婚を反対されています。どうしたらいいでしょうか。

A5

100%全員が祝福する結婚なんてレアです。決まってしまったものを反

対しつづけるエネルギーのある人はそうそういませんので、いかに「もうしょうがない」と思わせるかを考えましょう。（えらてん）

複数人がかかわって決める事柄は、会議だろうが企画だろうが経営だろうが、100%の満場一致で思いどおりになることのほうが少ないものです。これはステークホルダーが多ければ多いほどそうです。おおむねどこからか横槍が入ります。

結婚も同じです。表立って反対するかどうかは別として、双方の親や親類縁者を探すと、誰かは心の中で首をかしげている人がいるものです。こういう人々に事前に相談しますと、「やめといたほうが」と言います。「もっといい人が」とか、「まだ早い」とか、結婚するべきではない理由を山ほど探してきます。

ところが、人間の心理は不思議なもので、「もうこうすることに決定しました」と言うと、それを覆すエネルギーのある人は一気に減ってきます。「決まっちゃったんならしょうがないね」というマインドになるんですね。

それでも「なんで相談もせずに決めたんだ」と言う親御さんもいるかもしれませんが、「でももう自分たちで、この二人でやっていこうと決めたんだ」と言いましょう。「それだけの覚悟がある」ということを見せるんですね。もちろん相手のアシストも必要です。できるだけキチンとした格好をしていくとか、手土産を持っていくとかすると外交が成立しやすくなります。

それでも反対する親御さんの場合、2パターンの対処法があります。

ひとつはいったん引き下がり、ちゃんと本気で結婚を前提に付き合っていることを見せる、という方法。金銭的な問題や精神的な問題がクリアされているのであれば、こちらのソフト路線のほうが後にしこりを残しにくいでしょう。半年ぐらい真剣に付き合って破綻していないことを示せば、態度が軟化することも多いです。

もうひとつの方法は強行突破です。もう婚姻届を出してしまう。日本において結婚は両性の合意によってのみ成立しますので、親が何と言おうが結婚することは可能です。

私の知り合いにこのパターンで結婚した夫婦がいます。ちょっとご紹介しましょう。Twitterで結婚したいなぁとツイートしていた、まなさんという女性がいました。まなさんの実家は「誰と会ってきて何時に帰る」など、すべての行動を報告しなければならないような家で、彼女はそんな暮らしにかなりの息苦しさを感じていたそうです。2018年の5月末、まなさんが私のところを訪ねてきたときに、私の知り合いのしん君がたまたまそこにいました。そこで3人で話をしたあと、彼女は家出をして、しん君も住んでいたシェアハウスで少し暮らしたり、実家に戻ったりを2、3度繰り返し、その間にしん君から2度のプロポーズを受けました。この時点では、まなさんは結婚自体に踏ん切りはついていなかったものの、しん君に好意は持っていたそうです。

7月初旬のある日、まなさんはデートのために実家を出ようとしたところを親御さんに見つかってとっちめられ、デートをドタキャンせざるを得なくなりました。実家がほとほとイヤになっていた彼女に、しん君が3回目のプロポーズ。まなさんも踏ん切りがついたので、7月23日、プロポーズから1週間で婚姻届を提出し、二人の新居も契約したとのことです。この時点で、しん君のご両親とは挨拶が済み、結婚についても快諾を得たそうです。

問題はこのあとです。

まなさんは、お父さんの扶養の健康保険に入ったまま婚姻届を提出してしまっていたのです。仕方なく扶養から抜ける手続きを、お父さんを飛ばしてお父さんの会社に申請したところ、会社では当然彼女のお父さん本人に確認がきました。

一方そのころ、まなさんのお母さんは、彼女がかかりつけの病院の診察に行く、と言って家を出たにもかかわらず、それにしてはやけに大きな荷物を持っていることを不審に思い、お父さんに連絡をしました。すわ駆け落ちだと察したまなさんのご両親は、慌てて彼女が向かった病院に急行、そこでしん君とまなさんが二人でエレベーターに乗ろうとしているところに出くわした、というわけです。この時点でしん君と、まなさんのご両親は初対面。最悪の展開です。

いったん病院を出て喫茶店に4人で向かい、地獄のような挨拶の時間を過ごしていたところで、まなさんのお母さんがふと「まさか婚姻届は出していないよね？」と確認したところ、しん君は「はい、もう届けを出しました」と答え、場が大混乱になりました。ご両親は絶対に認めない、となる中、しん君は堂々と「僕はまなさんを信じています」と言ってのけたそうです。

病院に戻り、まなさんのお母さんが主治医の先生に「もう婚姻届を出しちゃったんだそうです……」と絶望的な声で告げると、先生は冷静に仲介に入り、これから彼女がどうしていくべきか、そしてご両親が彼女をどのように支えていくべきかを分析し、月に1回、しん君がまなさんのご両親と会って現状を報告するということで、数時間かかったものの、話がまとまったそうです。

まなさんがのちに振り返るところによれば、やはり婚姻届を出してしまったことが大きかったのだろう、ということです。そうでなければ、実家に連れ戻されて、外に出ることすら制限されていただろう、と。

強行突破はしたものの、突然の初対面となったまなさんのご両親に対して、しん君が真摯に対応してくれたことと、主治医の先生が冷静に対応してくれたことには本当に感謝している、とのことでした。

これが万人に適用できる手段かはわかりません。おそらくは違います。ただ、実際にまなさんは息苦しかった実家を飛び出し、現在しん君と仲良く暮らしています。こんな手段もあるということです。もう役所に婚姻届を出してしまった夫婦を、わざわざ離婚させるほどのエネルギーは、いくら親といえどもなかなか持っていないものです。

連絡も絶ってしまうような駆け落ちもありますが、こんな「半駆け落ち」みたいな手段もいちおう取り得る、ということは覚えておいて損はないかもしれません。いずれにせよ、「もうしょうがない」と思わせてしまったら勝ちです。

Q6

40歳未婚男性、フリーター、年収は200万円程度です。結婚できるでしょうか。

A6

YouTuberになりましょう。ポイントは「共同消費」と「一点突破」。（えらてん）

年齢と職業、年収しか書かれていないので見た目などの情報はわかりませんが、これから爆発的に何か稼げるようになるという目処もないとなると、普通に考えればなかなか難しいところです。ただ、それでも結婚したいとすれば「かわいがられるおじさん」になる、という手があります。

私の知り合いに、50歳独身無職、貯金食いつぶしYouTuberというおじさんがいます。動画で何をアップしているかというとくに何も変わったことはしておらず、ただの日常生活です。動画を上げるたびに少しずつ貯金が減っていきますが、「贅沢はやめられん」などと言って何だか美味しいものを食べたりして、「また減った」と言っています。

１０００万円以上あった貯金が、ついに２０１９年の３月末で１００万を切りました。私もYouTuberとして活動しており、日々どうやって面白い動画を作ろうか頭を悩ませているのですが、ただおじさんの貯金が減っていくだけで面白いのは正直ズルいです。

このおじさんなのですが、徐々に人気が出るにしたがってモテ始めているんですよね。普通の20代の女性に「かわいい」なんて言われています。

私は彼に見習うべきところが多々あると思います。

まず、自宅の動画をアップするということはお客さんの目が入りますので、身なりや部屋の綺麗さなどにも気を遣うようになります。芸能人でも、出たての頃はモサッとしていた人が、売れるにしたがってスターにふさわしい見た目になっていく、なんてことは多々ありますよね。人に見られるということはそれぐらいの効果があるのです。

さらに、彼のことを面白がって見ている人は、恋愛感情かどうかは別としても、少なくとも好意を持ってくれているわけですよね、嫌な人は見ないですから。このおじさんが若い女性といきなり会っても箸にも棒にも引っかからないでしょうが、そうやって日常生活を見てもらい続けていると、スペックだけでなく内面を見てくれる相手が現れる可能性があります。

これが結婚相談所だとそんなことは起こらないですよね。

私はYouTubeに動画をアップする利点は、それが「共同消費可能」な点にあると思っています。

たとえば、ひとりの男性がどれだけ多くの女性にアプローチしようと考えても、1日でそんなに何人もとは会えませんよね。遠方に住んでいる人もいるかもしれません。そして、全員に同じ情報量を提供することも難しい。

ところが、動画だと何百人何千人もが同じ内容の動画を見てくれるわけです。必然的にリーチが広がります。自分が寝ている間でも、世界中のどこかから動画を見てもらえる可能性があるわけです。あとは、あなたの魅力が誰かに発見されればよいだけです。

タレントの伊集院光さんは、知性に溢れ、ラジオパーソナリティとしても絶大な人気を誇る方ですが、いわゆる美形、イケメンかというとちょっとタイプが違いますよね。

しかし伊集院さんが20代の頃に結婚されて、現在でも仲睦まじい奥様は、元アイドルのとてもお綺麗な方です。これについて伊集院さんは深夜ラジオで「マニアはいるから諦めるな」と説明されていたそうです。

ありがたいことに結婚相手というのはひとりいればよいのです。アイドルは10000人にモテる必要があるかもしれませんが、あなたがアイドルでないのであればひとりのマニアを探しましょう。そして、ひとりのマニアを探すために、できるだけ多くの異性にあなたのことを見つけてもらいましょう。

ちなみに伊集院さんは「絶対に浮気はしない」と公言しておられまして、その理由は「せっかく自分のことを好きになってくれる人が現れたのに、自分からその幸運を投げ捨てるようなリスクは背負いたくない」からだそうです。

これもまた素敵な姿勢ですね。

Q7

30代女性です。最近、地方の家の長男の妻として東京から嫁ぎましたが、義実家の親族が一丸となって意地悪をしてくるので困っています。どうしたらよいでしょうか。

A7

マキャベリの『君主論』を読みましょう。その親族は絶対に一枚岩ではありません。うまく政治をやって切り崩しましょう。（えらてん）

単身、地方の家に嫁いだら、その家の居心地がものすごく悪いというケースですね。親類縁者、姑小姑があなたのことを気に入らないらしく、いろいろな手でいじめてくる、なかなか大変な状況だと思います。

あなたから見れば、相手は全員同じように敵に見えるかもしれませんが、そういう状況において、全員の意志が強固に一致してあなたのことが嫌い、ということはまずありません。たまたま東京から来た嫁がなんとなく気にくわないので連合を組んでいるだけで、その結びつきは案外もろいものです。

マキャベリという人の『君主論』という本がありますからそれを読んでください。

権力をいかにして握るか、ということが書いてある本です。

半年ぐらいはおとなしい嫁を装いながら、親族や近所の人から情報収集をしましょう。誰からも何の弱みも出てこない一家というのはそうそうありませんから、その一角から切り崩していって多数派工作を行い、準備が整ったところで自分の夫を王とする革命を起こしましょう。そもそもが跡継ぎの奥さんなのですから、立場は自然と強くなっていくはずです。

あなたがそういう政治を楽しめる人なら、この駆け引きは面白くて仕方がないと思います。が、そんなの無理だ、しんどいと思う人は、仕方がないので駆け落ちをして逃げましょう。

Q8

30代既婚男性です。妻の料理がおいしくなくて困っています。そんな料理を食べる子どもの味覚も正常に育つか心配です。

A8

あなたが作りなさい。でなければ買ってきなさい。あなたの頭の中にある理想像を家族に押し付けてはいけない。

（えらてん）

質問の意図がよくわかりません。あなたの奥さんは、作った料理をあなたの口にねじ込んでくるのでしょうか。であれば別の問題ですが、そうでなければ、あなたが料理を作ればよいのではないですか。

せっかく奥さんが作ってくれた料理を「好みと違う」と言いづらい、というのならば気持ちはわかります。ただ、その場合は丁寧な話し合いをしなければなりません。あなたが「お前の料理はどうしてこうなんだ」と言えば破綻ですし、それに対して「なんで私がアンタの好みに合わせなきゃいけないのよ」と言っても破綻です。

奥さんは少なくとも料理を作ってくれているのですから、あくまで丁寧に、下から提案やお願いをしましょう。それでも解決しないなら買ってくればいい話です。

そんなに子どもの舌を育てたければ、小さいころから一流料亭に通わせましょう。もちろんあなたが稼いできたお金で、です。

子どもにはお母さんの手料理が一番、というのが何だかあなたの理想のようですが、そんなもの何の役にも立ちません。理想の家庭像なんて頭の中にあるだけのもので、実際は現実に合わせてやっていくしかないのです。

家庭が100あれば100の運営方法があってよく、したがってよその人がどう言おうとも、自分たちで一番いい方法を決めてください。

Q9

30代既婚女性です。夫は夜型生活で、私は朝型生活です。生活する時間帯が正反対なのですが、子どもを持っても大丈夫でしょうか。

A9

24時間体制で対応できるのでむしろ望ましいと思います。（てんつま）

我が家もそうですが、生活する時間が反対だということは、乳幼児期にはむしろ望ましいことだと思いますよ。赤ちゃんが3時間おきに泣き、ミルクを飲ませたりオムツの世話をしたりしなければいけないのはパパママが同時に寝る生活をしていると大変ですが、どちらかが起きていれば24時間体制で対応できます。

また、熱が出たときの看病なども交代でできます。深夜にベビーシッターを頼むと、昼間に比べてとんでもなくお金がかかりますが、この問題も解決できますね。

8時間働き、8時間寝たとしても、残りの8時間は一緒にいられますから、夫婦の時間もじゅうぶん取ることができます。むしろ積極的にオススメしたいぐらいです。

Q10

20代女性です。出産をするのが怖いです。とても痛いという話も聞きますし、自分にはできる気がしません。

A10

経済的な悩みは問題にならず、肉体的な痛みが怖いなら無痛分娩というものがあります。基本的には「産んで後悔する子なし」です。ただ、本能的に子どもを産みたくない、と思っているのであれば、その身体の直感に従うのは大事なことかもしれません。（えらてん）

経済的な事情で産むのが怖いという問題はすでに解決されている、というのは私がここまで何度も書いてきたとおりです。出産の痛みについては、最近は無痛分娩の安全性もだいぶ高まっているそうで、ソビエトでは当時すでに無痛分娩を推奨していたと聞きます。

無痛分娩なんて邪道だという人がいるならば、洗濯機を使うのは邪道なので川で洗濯板と固形石鹸で洗濯をし、電子レンジを使うのは邪道なので料理はもう一度鍋を火にかけるか湯煎をして温めましょう。

また、子どもを産んで後悔するかどうかという視点で言うならば、後悔する人がいないとは言えませんが、「子どもを産まなければよかった」と嘆いている人はあまり見たことがありません。

『発達障害の僕が「食える人」に変わった すごい仕事術』で知られる作家の借金玉氏は「風呂に入るまではとんでもなくめんどくさいが、風呂に入ってから入らなければよかったと後悔することはない」という「風呂理論」を提唱していますが、基本的には「産んで後悔する子なし」ではないでしょうか。

ただ、「出産をすること自体が、何となく本能的に怖い」と思っている場合、ちょっと話が変わってきます。これは、あなたの身体が子どもを産むのに向いていない、ということを身体が教えてくれているシグナルの可能性がありますので、子どもを産むのはやめたほうがいいかもしれません。

結婚相手を選ぶときでもそうですが、直感的に「やめたほうがいい」と思うのであれば、それにしたがったほうがいいです。

出産というのは母子ともに生命がかかった一大事業なので、どうか周りの意見や空気に流されて無理をするのはやめてください。お医者さんともちゃんと相談をしましょう。

Q11

30代男性です。結婚して8年経ちましたが、なかなか子どもに恵まれません。夫婦ともに子ども好きで、なんとか子どもがほしいと思っているのですが、どうすればいいでしょうか。

A11

養子をとる、というのも選択肢のひとつです。（えらてん）

子どもがほしいけどなかなか恵まれない、というご夫婦もいらっしゃるでしょう。不妊治療に取り組まれる方も多いようですが、心身への負担、経済的な負担も大きいと聞きます。

あくまでひとつの選択肢としてですが、養子をとるという方法もあります。

子どもといえば実子が当たり前になったのは比較的近年の話で、それ以前は養子というものにそんなに違和感はなかったように思います。

江戸時代の大名家は跡継ぎが途絶えるとお家が断絶してしまうので、藩主が若くして病気になると慌てて親戚筋から養子をとるなどしていましたし、現代でも国会議員などで、養子で先代の地盤を継いだ人は多いですよね。

お互いを親と思い子と思えば、養子だろうと実子だろうと立派な親子関係です。

実の親が何らかの事情で育てられなかった子どもを養子として育てる特別養子縁組という制度もあります。

あなたが子を必要とし、子どもが新しい親を必要としているのであれば、とても良い制度だと思います。

この特別養子縁組のシステムはなかなか手続き上大変で、もうちょっと何とかならないかと私は思っているのですが、それはともかく、「どうしても子どもがほしいのに恵まれない……」とお悩みであれば、養子をとるということも考慮に入れてみてはいかがでしょうか。

Q12

20代女性です。親に虐待されて育ちました。今でも幸福な家族関係というものが想像できません。自分が子どもを産んだとき、虐待を子どもに連鎖させてしまわないか心配です。私はいいお母さんになれるのでしょうか。

A12

いい親であろうとしているだけで80%はいい親です。アダルトチルドレンは考え方を変えれば、結婚生活や育児生活を通して自分の心の傷も癒せます。結婚セラピー、育児セラピーをやっていきましょう。（てんつま）

辛い思いをされたのですね。親との関係に問題を抱えて育ったアダルトチルドレンの人は、自分も虐待を繰り返してしまうのではないかと出産に二の足を踏んでしまいがちです。でも、そこまで自分を責めなくてもいいと思います。

完璧な親なんていません。

あなたはいい親になろうと思っている、いい親であろうとしている。それでもう、80％ぐらいはいい親です。

自分が傷を受けたから、子どもを傷つけたくない。その気持ちをちゃんと自覚していれば、そんなに大ごとにはならないと思います。

幸せな家庭環境というものが想像できなくても、実際の幸せな家庭生活で、自分の記憶を塗り替えることができます。

私はこれを「結婚セラピー」「育児セラピー」と呼んでいるのですが、自分が家族に対していい思いをしてこなかったからこそ、自分が家庭生活をうまく営むことで、「親を乗り越えられた」という達成感、自信につながります。

私の場合、息子が泣いている姿が幼いころの自分に重なりました。その息子に優しく接してあげることは、過去の自分に優しく接してあげることです。息子をとおして、幼い自分の心の傷を癒しているのです。

自分で子どもを産み育ててみてわかったのですが、私も子どもについイラッとすることはあります。でも、それは子どもが自分の思いどおりにならないときにイライラするんですよね。子どもはそもそも思いどおりにならないもの。そう考えるようになって、ずいぶん楽になりました。

発達心理学や家族心理学など、さらにうまくいく確率を上げるための知識はたくさんあって、いまはわかりやすい本も出ていますので、意欲のある方は学んでみてはいかがでしょうか。

だいじょうぶ、きっといいお母さんになれますよ。逆に、これは危ない、と思ったら早めに誰かに相談しましょう。友達でも病院でも行政の窓口でも、助けてくれる人はたくさんいますよ。

Q13

30代男性です。妻と二人の子どもがいます。会社で転勤となり、まったく知らない土地へ家族揃って引っ越すことになりました。引っ越し先での近所付き合いをどのようにすればいいかわかりません。子どものことで何か揉めたらどうしようと不安です。

A13

贈与の呪いをかけましょう。先制パンチで「しょぼい引越挨拶品」を配って回りましょう。（えらてん）

引っ越し先の近所にはどんな人が住んでいるかはわかりません。子どもが小学生にもなれば近所へひとりで遊びに出ることもあるでしょうし、また隣家や下の階の住人から「子どもの騒音がうるさい」などと言われることもありますので、近所付き合いは大切です。

私が近所の人々とうまくやっていくためにオススメするのは、「しょぼい引越挨拶品」です。新居に引っ越したら、忙しいところでしょうが、300円から500円ぐらいのプチギフトを近所の30軒ぐらいに配って回りましょう。あまり高いものはダメです。たとえば初対面なのにいきなり5000円のものを渡すと、唐突すぎて意図を勘繰られますし、「こんな物受け取れない」と突き返されるおそれがあります。

ところが、引越の挨拶に来て「これ、よろしかったら」とクッキーが何個か入った小袋やボックスティッシュなんかを渡されたら、これは断りづらい。よほどのことがなければ受け取ってしまいます。

これが世にも恐ろしい「贈与の呪い」です。

人は物をもらうとそれに対して「反対給付」をしなければならない、という心理になります。反対給付とは、この場合「もらった分に見合うお返し」ということです。でもせいぜい300円から500円の引越挨拶に対して、何の名目もないのにお返しはしにくいですよね。わざわざお返しを持ってくる人のほうが少ないでしょう。

結果どうなるかというと、「引っ越してきた○○さんから挨拶で何かもらったけど、もらいっぱなしだ」という感情が発生します。つまり借りを感じている状態になるのです。

この関係において「あの、おたくのお子さんの音がうるさいんですけど」とはちょっと言いづらいですよね。つまり、引っ越してきた新参者にもかかわらず、心理的に優位に立てるのです。

ちなみに、引越挨拶に対して「こないだ頂いたから」と言って多めに作ったおかずをくれたり、旅行に行ったお土産だと言ってどこかのお菓子をくれたりする人もいるでしょうが、このタイプの人とは継続して交易が発生しますので、仲が良くなり、ますます文句を言われることはなくなります（また、この手の人はどちらかというと顔が広く、地域の中で発言権が強いタイプであることも多いです）。

どのみち、300円×30軒で9000円、たかだか1万円かそこらで近所に対して軒並み心理的優位に立つことができるわけですから、これは割のいい投資です。「贈与の呪い」を活用してみてください。

えらいてんちょう

1990年12月30日生まれ。慶應義塾大学経済学部卒業。バーや塾の起業の経験から経営コンサルタント、YouTuber、著作家、投資家として活動中。2015年10月にリサイクルショップを開店し、その後、知人が廃業させる予定だった学習塾を受け継ぎ軌道に乗せる。2017年には地元・池袋でイベントバー「エデン」を開店させ、事業を拡大。その「エデン」が若者の間で人気を呼び、日本全国で10店、海外に1店（バンコク）のフランチャイズ支店を展開。各地で話題となっている。昨年12月には初著書『しょぼい起業で生きていく』（イースト・プレス）を発売し、ベストセラーに。朝日新聞ほか多くのニュースメディアで取り上げられたことで男性女性から幅広く支持されている。今回、本書のほか『ビジネスで勝つネットゲリラ戦術【詳説】』『静止力　地元の名士になりなさい』と合わせてKKベストセラーズより3冊同時刊行。YouTube「えらてんチャンネル」のチャンネル登録者数は約14万人(2019年6月現在）。

しょぼ婚《こん》のすすめ
恋人《こいびと》と結婚《けっこん》してはいけません！

2019年7月10日　初版第1刷発行

著者　えらいてんちょう
発行者　塚原浩和
発行所　KKベストセラーズ
〒171-0021
東京都豊島区西池袋5-26-19　陸王西池袋ビル4階
電話　03-5926-5322（営業）
03-5926-6262（編集）
装幀　小口翔平+岩永香穂（tobufune）
カバーイラスト　髙柳浩太郎
構成　直木三十六
図版イラスト　いしいまき
印刷所　錦明印刷
製本所　ナショナル製本
DTP　オノ・エーワン

ISBN978-4-584-13928-8　C0095
定価はカバーに表示してあります。